AF366228

EL DESPERTAR ESPIRITUAL

ExLibric

JUAN JOSÉ ARIZU ETXEGARAI

EL DESPERTAR ESPIRITUAL

EXLIBRIC

ANTEQUERA 2022

JUAN JOSÉ ARIZU ETXEGARAI

EL DESPERTAR ESPIRITUAL

Introducción

Vivimos sumidos en una sociedad materialista. Tenemos un problema de identidad. No sabemos quiénes somos ni por qué estamos aquí. Intentamos impactar en nuestro entorno social como tenedores de una felicidad que no gozamos. Los siguientes comentarios se pueden escuchar por doquier:

— Vivo en la calle Mayor, en un ático de cuatro habitaciones y una terraza de 30 m². ¡Qué feliz soy! ¡Qué agradecido estoy a la vida! Es verdad que me ha costado lo mío, pero ha valido la pena tanto esfuerzo.

— Por fin he conseguido la felicidad: me he enamorado de Lucía.

— Los dos días más felices de mi vida fueron cuando me casé y cuando nació mi hijo.

— He terminado la carrera en Ciencias Económicas. Me siento muy feliz, quizás hasta me meta en política.

— Conseguí la cátedra de Economía Sumergida en la Universidad de San Pancracio. Ahora sí veo un futuro lleno de prosperidad.

— Muchas personas me envidian porque me ven pletórico y feliz.

— Cuando consiga estabilizarme económicamente, voy a destinar parte de mis ganancias a ayudar a los más necesitados para que sean felices.

— Quiero vivir la vida, es demasiado corta para desaprovecharla.

Frases como estas halagan nuestro ego. Pero ¿al final? Nada de nada. Al cabo de pocos años, estos son los comentarios de la misma persona:

— Tuve que vender mi ático cuando me separé de Lucía. Mi hijo se fue a estudiar a Miami y me escribe para felicitarme las navidades. Me relegaron en la cátedra por escalafón de méritos. En política llegué a apoderado de mesa y a repartidor de propaganda del partido.
— Hace un mes se suicidó mi mejor amigo, sin despedirse siquiera. Ayer estuve en el médico porque tenía un dolor muy fuerte en el alto vientre, me hizo una ecografía y me comentó que había visto algo raro en mi estómago y, como para tranquilizarme, me mandó hacerme unas pruebas.
— Ahora me entristece marcharme de este mundo sin llegar a saber quién soy y sin tener ni puta idea de para qué he vivido.

¿Cuántas historias como estas podríamos contar? De momento, tantas como vecinos hay en mi escalera.

Vivimos sin saber a qué jugamos ni con quién jugamos ni para qué jugamos.

Los que nos rodean son nuestros rivales. Peleamos con todo aquel que nos lleva la contraria, condenamos sin juicio previo. Somos muy exigentes con los demás y muy tolerantes con nosotros mismos.

Vendemos armas a los que luego nos matan con ellas. Somos tan democráticos que impedimos que los demás vayan en sentido contrario. Pensamos y actuamos como si fuéramos nosotros los dueños de la Tierra. Estamos rodeados de políticos sin alma, de mandatarios sin escrúpulos, de ricos hombres que viven a nuestra costa. Estamos obnubilados.

Dios, dicen algunos, tiene la culpa de todo. Este mundo no tiene arreglo.

A veces tenemos buenos momentos, incluso por un instante de milisegundo recibimos un pantallazo de felicidad. Aun así, nos pasamos la vida preparando un futuro mejor. No nos faltan los miedos y confiamos ciegamente en el dinero como el valor máximo para solucionar todos nuestros problemas.

Todas las culturas, desde las más antiguas que se conocen, han intentado liberarnos de esta desesperanza. Filósofos, astrólogos, religiosos, matemáticos, psicólogos, poetas, médicos, políticos y, en la actualidad, científicos tiran de la misma cuerda para sacarnos del pozo. Ya no sabemos si es que la cuerda se va rompiendo constantemente o es que el pozo es demasiado profundo.

Como decía un amigo mío, «a los animales cuanto más pienso, mejor; yo cuanto más pienso, peor».

Ya no suenan las campanas como antes, ya no hay palios, ya no se reza el rosario. Vamos construyendo estereotipos cada década y cada vez las décadas tienen menos años.

Se nos llena la boca con dos palabras: democracia y libertad. La música que más nos emociona es la que habla de amor, pero las guerras no cesan y todo el mundo está acojonado por si alguien aprieta el botón rojo.

Nos imponen el pensamiento único, todo el que se aparta de la línea queda marcado. Ante este panorama, ¿existe alguna esperanza para el optimismo?

—Querido amigo Luis, ¿qué te parece este panorama que te he mostrado?

—Me parece real, me parece que es la realidad misma.

—Pues no, Luis. Este panorama es de todo menos real. No hay nada real en él.

—Juan, no me tomes el pelo, que son las diez de la mañana y estoy completamente despierto. Deja de contarme cosas raras.

—De acuerdo, Luis, no te voy a molestar. Dejaré que sigas despierto, pero yo voy a seguir con mis cosas raras.

Nos pasamos la vida haciendo proyectos: de estudios, de trabajo, de negocios, de vacaciones, de bienes inmuebles, de amores perfectos…

Alguien hay dentro de nosotros, que pronto averiguaremos quién es, que nos va proyectando todo lo que percibimos, que dependemos inconscientemente de él y que estamos sometidos a sus decisiones por completo.

Tenemos asumido que solo es real lo que percibimos con nuestros sentidos físicos. Es verdad que, a veces, sentimos emociones: lloramos, reímos, abrazamos, besamos…, pero no sabemos de dónde vienen ni dónde se producen.

No sabemos de dónde proceden, por ejemplo, el amor a un hijo; la emoción de un abrazo; el afecto a mi pareja; el placer de un orgasmo; la sonrisa de un niño; el aplauso en un concierto; el éxtasis ante un paisaje…

Aceptamos como real lo que captan nuestros sentidos porque nadie nos ha dado la oportunidad de vislumbrar otra cosa, pero siempre nos queda la duda de que pueda haber algo más allá.

—¿No te parece, Luis, que todo esto no son cosas raras, que son cosas que tú sientes y experimentas, pero que no te explicas por qué?

—No me enredes, Juan. Todo esto también lo sienten los animales.

—Cierto, pero ¿has visto reír a un cerdo cuando le cuentas un chiste? ¿No te parece que algo tendremos los seres humanos de especial?

—Vale, estoy de acuerdo en que los seres humanos somos el reino más evolucionado de la creación, pero, al fin y al cabo, todo es creación de Dios.

—Muy bien, ya he conseguido que digas algo que me gusta: todo es creación de Dios. A partir de aquí, ¿qué te parece si te digo que, en verdad, todo es creación de Dios y que todo está en Dios?

—Ya me estás liando otra vez con cosas raras. Por favor, dejemos esta conversación para otro día.

—De acuerdo, Luis, que descanse tu mente.

Amado lector: pretendo que este libro sea para ti como un interruptor, que te permita pasar de la oscuridad a la luz o, si lo prefieres, de la ignorancia al entendimiento. En él te hablaré de Dios como algo propio, como algo tuyo, como algo que te pertenece y, sobre todo, como algo que te ama.

Leyendo los capítulos de este libro no vas a lograr la salvación, tampoco es esa mi intención, pero sí pretendo inyectarte un gusanito en tu mente para que compita con aquel que te dije antes y que está dirigiendo tu vida. Para que leas lo que te cuento con más interés, te revelaré los tres protagonistas de esta historia.

El ego: quien nos acompaña desde que tenemos uso de razón; es nuestro fiel compañero, pero nuestro mal amigo.

La mente: el lugar donde se condimentan las ideas y los pensamientos, donde se preparan los deseos y donde se dan las órdenes de ejecución de nuestros actos.

El Espíritu Santo: es ese gusanito que quiero que llegue a tu mente. Allí se liará parda. Tú serás un mero espectador.

¡Otra vida es posible!

En este libro no vas a encontrar el contenido de una religión ni de un dogma ni una retahíla de mandamientos, vas a encontrarte contigo mismo.

Cuando a tu conciencia llegue el conocimiento de quién eres, habrás descubierto la otra orilla.

En esta orilla están la separación, la soledad, el miedo, el sueño, el placer, el tiempo, el ego.

En la otra orilla están la unión, lo real, el amor, la paz, el gozo, la eternidad, el Padre.

Para descubrir quién eres, te valdrás tú solo; eso sí, con una pequeña ayuda de alguien muy especial: el Espíritu Santo.

Él te cogerá de la mano y te llevará a donde quiere que estés, siempre que tú le des permiso. A su lado no vas a pasar ningún apuro. Él no te va a echar en cara tus errores o tus pecados, como quieras llamarlos. Siempre te va a animar a que sigas adelante. Estará ahí, a tu disposición, solo para ti.

Dos cosas te harán falta a modo de aportación tuya: la expiación y el perdón. Solo te quiero recordar una última cosa: el tiempo no existe, no tengas prisa. No existe el pasado ni el futuro, todo es presente.

¡Qué divertido va a ser ver a tu mamá haciendo aquellas cosas o peores que ahora te recrimina y que por ellas te castiga!

El propósito de este libro es ser la puerta de entrada a la lectura y comprensión del libro revelado por Jesús de Nazaret: *Un curso de milagros.*

El sueño

¿Cuántas veces hemos vivido un sueño que nos ha parecido tan real como la misma realidad que apreciamos con nuestros sentidos? Los sueños nos apartan de la realidad, pero también alimentan nuestros deseos.

Toda la historia de la humanidad está llena de alegorías y referencia a los sueños. Allá por el siglo IV a. C., el filósofo chino Zhuangzi nos legó un enigma interesante: «Soñé que era una mariposa, revoloteando por aquí y por allá. De repente desperté y me recosté nuevamente. Ahora no sé si era un hombre soñando que era una mariposa o si ahora soy una mariposa soñando que soy un hombre».

Muchos hemos oído hablar de Platón, también del siglo IV a. C. Algunos, menos, sabemos que escribió un libro llamado *La República,* y tan solo unos pocos conocen *El mito de la caverna,* una alegoría.

Se trata de un diálogo entre dos personajes: Sócrates y Glaucón. En él se explica, a través de una analogía, la diferencia entre el mundo de las cosas que existen de manera perfecta, es decir, de manera eterna y verdadera, y lo que los hombres vemos en este mundo, limitado y temporal.

En la portada de este libro puedes observar dicha alegoría de forma gráfica. Para los encadenados toda la realidad son las figuras que se van proyectando en la pared. Si, además, se escucha una voz en *off* de cada uno de los personajes proyectados, la realidad para los encadenados será totalmente ponderada.

Entre el enigma de Zhuangzi y la alegoría de Platón, se nos plantea la gran pregunta: ¿cómo sabemos, con toda seguridad, qué es lo real?

No podemos olvidarnos de nuestro gran Pedro Calderón de la Barca, que en 1635 estrenó la obra *La vida es sueño*. Aquí tenemos un soliloquio de Segismundo:

Es verdad, pues: reprimamos esta fiera condición, esta furia, esta ambición, por si alguna vez soñamos. Y sí haremos, pues estamos en mundo tan singular que el vivir solo es soñar; y la experiencia me enseña que el hombre que vive sueña lo que es hasta despertar. Sueña el rey que es rey, y vive con este engaño mandando, disponiendo y gobernando; y este aplauso, que recibe prestado, en el viento escribe, y en cenizas le convierte la muerte, ¡desdicha fuerte! ¡Que hay quien intente reinar, viendo que ha de despertar en el sueño de la muerte! Sueña el rico en su riqueza que más cuidados le ofrece; sueña el pobre que padece su miseria y su pobreza; sueña el que a medrar empieza, sueña el que afana y pretende, sueña el que agravia y ofende, y en este mundo, en conclusión, todos sueñan lo que son, aunque ninguno lo entiende. Yo sueño que estoy aquí de estas prisiones cargado, y soñé que en otro estado más lisonjero me vi. ¿Qué es la vida? Un frenesí. ¿Qué es la vida? Una ficción, una sombra, una ilusión, y el mayor bien es pequeño; que toda la vida es sueño, y los sueños, sueños son.

El mensaje es pura religión, no se puede describir mejor la vanidad con la que nos engañamos. Nada efímero puede ser real. Todo lo que nace y muere y todo lo que dura un tiempo es efímero.

En la vida de todos los seres humanos hay, en la primera fase de la misma, un sustrato real, que es el amor. Se refleja en la mirada, en el gesto de extender los brazos, en el llanto por el abandono. Este sustrato es real porque es eterno. El niño nace con el amor debajo del brazo y el anciano muere amando.

Nuestro cuerpo es perecedero: vivimos unos pocos años, que en una eternidad no es nada. Sin embargo, no podemos ser efímeros porque hay algo en nosotros que es eterno, el amor.

—Hola, Luis, ¿te acuerdas de cuando te dije que nos esperaba otra vida y tú te reías?

—Y me sigo riendo, porque has dicho que los niños nacen con el amor debajo del brazo, como si fuera el biberón.

—Es una manera de expresarme, Luis. Lo que quiero decir es que el amor en el recién nacido está en su plenitud, no necesita un desarrollo como el que requiere su corazón. Parece que no me quieres entender.

—Sí, Juan, te entiendo, pero no entiendo dónde quieres ir a parar.

—Si cuando nacemos ya traemos el amor en su plenitud, quiere decir que el amor ya existía de antes, algo de nosotros ya existía. Por lo tanto, somos eternos.

—No está mal tu razonamiento, pero, según tú, en nosotros hay dos cosas: algo que dura muy poco y algo que es eterno. ¿No te das cuenta de que esto no tiene lógica?

—Vale, amigo Luis, te cacé. Según tu enfoque o tu forma de pensar, no tiene lógica. Tú piensas que el cuerpo es algo real. Ese es el error: el cuerpo no es real, el cuerpo es una proyección de nuestra mente, es una ensoñación. Sin embargo, el amor es real. Eso es lo que somos: puro amor y nada más que amor.

—Reconozco, Juan, que me lo pintas muy bonito, pero de todas maneras no creo que yo enganche tu mensaje.

—Tranquilo, Luis, lo acabarás enganchando cuando desbloquees tu mente. Hasta pronto.

A medida que nos vamos desarrollando en esta vida humana, creamos nuestro propio holograma. Así empezamos a ser diferentes y así, también, empezamos a ser efímeros.

¿Dónde está el sustrato real que antes describíamos? Quedó oculto, pero sigue ahí.

En el momento de nuestro desarrollo es cuando empezamos a soñar. La mente y el ego se dedican a ocultar nuestra verdad. Aparece la culpa, el dolor y el sufrimiento. Nuestro llanto ya no es el llanto del niño. Ante este panorama, solo nos quedan dos opciones: seguir siendo niños o despertar de este sueño.

Un curso de milagros

Antiguamente, en el mundo pagano a su manera y, posteriormente, en el mundo civilizado, los ritos y las religiones cultivaron la creencia en otra vida posible después de esta. Una vida liberalizadora.

En la actualidad, y más recientemente con la llegada de internet, se está imponiendo el pensamiento único bajo el paraguas de ciertos mantras como lo social, lo ecológico, el cambio climático, etc. Todos los seres humanos debemos conducirnos de la misma manera, nadie puede actuar fuera de las leyes que los organismos supranacionales nos imponen.

Hablar de Dios es de retrógrados. Tampoco mola hablar de la vida después de esta. El amor es concebido como un sentimiento o como un puro placer. Los místicos son unos paranoicos. El perdón es sustituido por la justicia.

Leer un libro siempre nos proporciona algún conocimiento, a veces nos produce emociones y puede incluso despertar, en ocasiones, ciertos sentimientos, pero cada vez leemos menos. Tenemos la televisión, que, sin esfuerzo por nuestra parte, nos informa de todo.

—¿Verdad, Luis, que te gusta mucho ver la televisión?

—Me encanta, es el mayor invento del siglo pasado. Lo ves todo a color, te explican lo que pasa por el mundo con todo detalle, te entretiene, a veces hasta te ríes, estas cómodamente sentado... De la tele se aprovecha todo, hasta los anuncios.

—¡Qué pena, Luis, que pienses así! La tele va a acabar con las relaciones humanas.

—¡Vaya, quién habló! Tú estás todo el día pegado a internet y con el móvil en la oreja.

—Es verdad, en eso tienes razón, pero también te digo que hay una gran diferencia entre internet y la tele: en internet veo lo que yo quiero; en la tele veo lo que otros quieren que vea. En internet veo vídeos que están cambiando mi vida para mejor; en la tele lo único fiable que puedo ver es la información del tiempo. Entiendo que tu eslogan es «tele sí, libro no». Al final acabarás con el culo plano.

—Ja, ja, qué gracioso, y tú, con ojos de lagarto. No te enfades, Dios nos hizo distintos y, por eso, nos tenemos que aguantar.

—Como en la película *Tú a Boston y yo a California*. Chao.

Nos pasamos la mayor parte de nuestra vida quejándonos. La culpa siempre la tienen los otros, por supuesto; nosotros, nunca. Una vez será mi pareja; otra, el político de turno; otra, el misionero; el farmacéutico; el que nos cobra los impuestos; el árbitro; el que nos pone las multas; el médico, y si no tenemos a nadie, pues que sea el sursuncorda.

Lo peor de todo no está en quejarnos, lo peor de todo es que nunca nos planteamos la posibilidad de actuar para evitar el motivo de la queja. Asumimos los problemas y nos conformamos con encontrar un chivo expiatorio. Siempre elegimos a alguien o algo importante que no esté a nuestro alcance: será el gobernante, será el cambio climático, será el político, incluso será Dios.

En Judea, hace 2 000 años, pasaba lo mismo que aquí y ahora. El chivo expiatorio fue Jesús de Nazaret. Hoy, en nuestra sociedad, Jesús de Nazaret ya no tiene relevancia. Los males que llegan a nuestra vida nos vienen por otros motivos: somos demasiados viviendo en este planeta, contaminamos la atmósfera, el comercio de las drogas, el estrés…

La televisión, internet y las redes sociales permiten conectar rápidamente a un gran número de individuos en torno a un eslogan o un mantra. Esto hace que cada vez sea más difícil actuar por libre. Así funciona el borreguismo.

Si nos fijamos en algunos detalles, el individuo está perdiendo toda iniciativa. El término «progre» es como uno de esos programas que actualizan el *software* cada mes; hace cincuenta años las iglesias estaban llenas de fieles, hoy están ocupadas por turistas; hace cincuenta años se volvía del trabajo cantando, hoy eres un robot en el trabajo.

Cuando los valores tradicionales ya no cuentan, cuando el individuo pasa a ser un número, todo se vuelve frío y sin alma. ¿Quién mantiene a un niño? Una incubadora. ¿Quién mantiene a un anciano? Un profesional. ¿Quién se atreve a predecir el futuro, si vamos empalmando el covid con el mono y con la guerra? Como se suele decir, esto no lo salva ni Dios. Por supuesto, ¡que el desesperado se tire al río!

Nada de lo que estamos temiendo va a suceder, porque nada de lo que estamos temiendo es real. El problema que tenemos es que no queremos aceptar aquello que somos y, por el contrario, vivimos plenamente aquello que no somos.

Somos el Hijo de Dios, uno con Él. Esto significa que somos eternos, que somos todopoderosos y que somos amor. Vivimos engañados; vivimos una ilusión, un sueño.

—Juan, no me cuentes milongas. Un sueño, por lo menos los que yo tengo, no duran más de diez minutos, y yo estoy a punto de cumplir 44 años. ¿Me quieres decir que todavía me dura el sueño?

—Sí, Luis, estamos soñando. Los sueños duran poco, son efímeros. ¿Qué son 85 años frente a una eternidad? Lo más preocupante del sueño es que no es real, soñamos cosas atadas al tiempo, y el tiempo no existe. Todo lo que vivimos es puro sueño, nuestra vida está condicionada al tiempo y, si el tiempo no existe, nuestra vida es algo irreal.

—Siempre me pillas con el paso cambiado. Puede que tu razonamiento esté bien armado, pero yo no alcanzo.

—No te preocupes, no hay prisa, el tiempo no existe.

De la misma manera que internet y las redes sociales extienden sus tentáculos de forma implacable, imponiendo sus mantras en amplios sectores de la sociedad, también hay un nuevo mensaje: la nueva espiritualidad está removiendo profundamente las conciencias y liberando las mentes.

Hay mucha y buena literatura publicada en este sentido: *El Dios*, de Baruch Spinoza; *El poder del ahora*, de Eckhart Tolle; *Las siete leyes espirituales del éxito*, de Deepak Chopra; *La desaparición del universo*, de Gary Renard; *El secreto*, de Rhonda Byrne; *Volver al amor*, de Marianne Williamson; *El plan de tu alma*, de Robert Schwartz, y, por supuesto, el libro *Un curso de milagros* (UCDM).

Allá por los años sesenta del siglo pasado, una voz dictó a la psicóloga Helen Schucman lo que hoy conocemos como *Un curso de milagros*.

Helen Schucman fue una psicóloga e investigadora clínica norteamericana natural de Nueva York. Fue profesora de psicología médica en la Universidad de Columbia desde 1958 hasta su retiro en 1976. Es conocida, principalmente, por ser la escriba, con la ayuda de su colega de profesión William Thetford, del libro *Un curso de milagros* (1975, primera edición), cuyo contenido afirmaba haberle sido dictado por una voz interior que ella identificó como la voz de Jesús. Sin embargo, conforme a su voluntad, el nombre de la propia psicóloga no fue dado a conocer al público hasta después de su fallecimiento, en 1981 (esta es la descripción que hace Wikipedia de esta señora).

Este libro es un plan de estudios para abandonar el sueño y para lograr la plena conciencia de lo que realmente somos: el santo Hijo de Dios.

En 1992 salió la primera traducción oficial de UCDM al castellano, realizada por Rosa María Wynn y Fernando Gómez. A Rosa María, la voz le pidió que publicara el libro y lo mostrara al mundo. Luego le siguió la traducción al hebreo. Hoy UCDM está traducido a más de veintisiete idiomas. El libro *Un curso de milagros* ha llegado en el momento oportuno.

Tenemos el concepto de que un milagro es todo lo que incumple las leyes de la naturaleza, y no aceptamos como milagros las cosas que nos ocurren cotidianamente. Si dentro de nuestro sueño, analizamos con detalle todo lo que nos va sucediendo en cada instante, llegaremos a apreciar que todo lo que va ocurriendo en nuestra vida es un milagro.

¿Qué hay más tierno que ver a un niño dormido, en los brazos de su madre, mientras ella está distraída y ocupada en hacer cosas? Pues esta imagen es lo mismo que nos ocurre a nosotros: vamos dormidos, descansando plácidamente en los brazos de Dios.

Un curso de milagros está siendo el motor de una nueva espiritualidad. Esta nueva espiritualidad será el signo identitario de este siglo, como lo fue la Revolución Industrial en el siglo XIX o la mecánica cuántica en el XX, pero ¿cuáles son las razones por las que este libro es diferente a todos los publicados con el mismo tema?

En primer lugar, no ha sido escrito por un hombre ni por una mujer. Es un libro revelado, como lo pudieron ser, en su momento, la Biblia, el Nuevo Testamento o el Corán. El libro no es un sustituto de la Biblia ni del Nuevo Testamento, es una adaptación del mensaje bíblico a los tiempos y mentalidad actual. Sigue la línea cristiana, pero no se puede considerar un libro solo para cristianos. Es un libro ecuménico.

—Perdona, Juan, que interrumpa tus quehaceres. Esta noche, mientras intentaba dormir, me ha venido un pensamiento un poco raro: «tengo que escuchar las enseñanzas de Juan como si fuera mi tabla de salvación».

—¡Qué bueno! Ese pensamiento te lo mandé yo ayer, a las nueve de la noche. Veo que te llegó. Mi mensajero funciona.

—¿No me dirás en serio que hiciste eso?

—Si quieres te lo digo en broma, pero así lo hice. Cuando una relación está basada en el amor incondicional, cualquier mensaje que se envían los amantes llega a su destino.

—No me digas eso, porque no es cierto. Yo mando mensajes de curación a aquellas personas que amo y esas personas no se curan, o sea, que no reciben el mensaje.

—Pues solo puede haber un motivo por el cual no les llega el mensaje.

—¿Cuál es ese motivo?

—Que no los amas incondicionalmente.

—Ya me has chafado la guitarra.

—No te he chafado nada, si me sigues escuchando.

Un curso de milagros es un manual para aprender a vivir sin miedo. La conducta humana está regida por el miedo: a no encontrar trabajo; a quedarme sin trabajo; a perder la pareja; a sufrir una enfermedad; a hacerme viejo; a que me roben; a morir; a no llegar a final de mes; a no ser lo suficientemente guapo; a conducir; a bañarme en el mar; a coger un avión, a quedarme soltero... Así podríamos llenar más de cien páginas.

¿Quién nos puede hacer creer que una vida con tantos miedos es una vida interesante? Nos agarramos a esta vida porque no nos han mostrado otra. ¡Es posible vivir otra vida, sin miedo! Esa otra vida está regida por el amor.

Precisamente estos comentarios que estoy haciendo en este libro y, sobre todo, el libro *Un curso de milagros* te impulsarán a vivir esa otra vida. Una vida regida por el amor.

Nuestra verdadera esencia y la esencia de nuestros hermanos es el amor. Este amor no puede ser el amor romántico ni el amor del sentimiento y mucho menos el amor del placer. El auténtico amor se basa en la ausencia de juicios y en la ausencia de miedos. Es un estado mental donde no condenas ni emites juicios, simplemente eres compasivo y amable con todo y con todos. Para lograr este estado amoroso, debemos conocer nuestro sistema de pensamiento y aprender a perdonar todo aquello que contamina nuestra particular manera de pensar.

El libro *Un curso de milagros* consta de tres partes: La primera parte es el texto, donde se explican los conceptos del curso; la segunda parte es el libro de ejercicios, dividido en 365 ejercicios, uno para cada día del año, y la tercera es el manual del maestro, que contiene preguntas y respuestas para aquellas personas que ya han terminado el curso.

El temario del curso se divide, también, en tres partes: trata sobre la mente, el ego y las relaciones.

El primer tema que trata se refiere a nuestra mente. Nuestra mente, en esencia, es tal como se creó, totalmente neutra, no emite juicios, ni condena a nadie, ni discrimina, ni rechaza; es una mente limpia, ella todo lo ve con amor. Sin embargo, esta mente original y pura la ha contaminado un personaje muy sutil llamado ego y ahora esta mente contaminada todo lo ve desde el miedo: hace interpretaciones, emite juicios, discrimina por razón de sexo, de lugar de nacimiento, de cultura, de color de la piel…

Esta es una mente dual, a todo le asigna un opuesto. El mundo que vivimos es una proyección de esta mente contaminada. Es una mente que siempre actúa a la defensiva porque está cargada de miedo. Esta es una mente errada.

Entre estas dos mentes tan opuestas, como todo en esta vida, existe una mente intermedia. A esta mente la podríamos llamar la mente correcta.

Esta es una mente que observa desde fuera. Es, por decirlo de alguna manera, un observador neutral. La mente correcta observa, precisamente, a la mente errada e intenta corregir sus errores mediante el perdón. Esta mente es la que trata de conseguir una mente unificada que, en definitiva, es la mente original.

El segundo tema del que trata el curso es el funcionamiento del ego. Este se basa, en exclusiva, en el sistema de pensamiento de la mente errada. El ego tiene tres patrones de comportamiento:

El primer patrón consiste en responsabilizar de todos nuestros errores a los otros. Todo está bien en mí, los que obran mal son los demás. Son ellos los que tienen que corregir.

El segundo patrón de comportamiento del ego se llama pecado, culpa y castigo. El ego nos hace sentir culpables cuando realizamos una acción que daña a alguien. Considera que hemos cometido un pecado y, por lo tanto, merecemos un castigo. Por eso, siempre que nos sentimos culpables estamos actuando bajo el patrón de comportamiento del ego. El ego nunca perdona, para él no existe el perdón.

El tercer patrón de comportamiento del ego es derivado del anterior y recibe el nombre de ataque-defensa. En este caso, el comportamiento es el siguiente: cuando me siento culpable porque he cometido un pecado, me enojo conmigo mismo y entro, inconscientemente, en un estado de ira permanente. En este estado siempre estoy en prevención y a la defensiva. Si alguien hace algo que no me gusta, lo hace para atacarme. Así entro en un estado de víctima.

El tercer tema del curso trata sobre las relaciones. Nuestras relaciones con el mundo y con los demás. Podríamos decir que esta es la parte más interesante porque es la parte positiva. Las otras dos, las que hacen referencia a la mente y al ego, nos exponen una realidad incuestionable, pero en este caso el curso nos da pautas de comportamiento para corregir a nuestra mente errada y dominar los patrones de comportamiento del ego. Así nos enseña a utilizar nuestra mente correcta. Los milagros son, en realidad, el resultado de usar esta mente. La consecuencia inmediata de la utilización de la mente correcta es la paz interior. Desde un estado de paz interior, todo lo que podemos crear, de manera natural, son milagros.

—Luis, ¿qué te ha parecido mi discurso?

—Juan, hueles a incienso.

—Eres un sinvergüenza. Tú hueles a mirra. ¿Cómo te suena la guitarra?

—Está muy desafinada. Creo que tendré que buscar a otro que me la entone.

—No te aconsejo que cambies de entonador, mejor que cambies de guitarra.

—Juan, no puedo cambiar de guitarra, porque ella es la única que sabe mi melodía.

—Te entiendo, pero, entonces, quizás sea tu melodía interna la que tengas que cambiar. Yo te ayudaré.

No aconsejo que, inicialmente, compres el libro *Un curso de milagros*. Hay muy buenos maestros que te van a guiar a través de sus vídeos, empieza por ahí.

A continuación, te pongo los nombres de algunos de estos maestros. Los podrás encontrar en Google, donde también están sus vídeos:

Emilio Carrillo, Enrique Villanueva, Marta Salvat, María Ibars, Jorge Pellicer, Enric Corbera, Rosa María Wynn, Merche Villegas, David Hoffmeister, Martín Merayo y un larguísimo etcétera.

Este libro solo pretende abrirte la puerta para que vayas pasando.

El misterio de la Santísima Trinidad

La Iglesia católica, a lo largo de XX siglos, no ha sido capaz de darnos una explicación razonada de este misterio. En tres concilios (Nicea, Constantinopla y Calcedonia) intentó aclarar el misterio de la Santísima Trinidad: Padre, Hijo y Espíritu Santo, tres personas distintas en un solo Dios verdadero. En todos estos casos, sin éxito.

Una prueba de ello la tenemos en Agustín de Hipona, contemporáneo de estos concilios e hijo de Santa Mónica, que se convirtió a la fe cristiana cuando tenía 33 años, gracias a las oraciones de su madre. De él nos cuenta la tradición la bonita historia del niño que juega en la playa a meter toda el agua del océano en un pocito.

Una cosa sí hay que reconocerle a la Iglesia católica y es la importancia que le dio al misterio. Ella nos ha dejado el legado de un rito: la señal de la cruz. «En el nombre del Padre, del Hijo y del Espíritu Santo», decimos mientras movemos nuestro brazo de la frente al pecho y del hombro izquierdo hasta el derecho.

Ha de ser el libro revelado, *Un curso de milagros,* el que, en pleno siglo XX, consiga disolver este misterio como se disuelve un azucarillo en un vaso de agua.

El curso de milagros es el que nos da una visión coherente del misterio de la Santísima Trinidad. Nos dice: «Nosotros, todas las criaturas, somos el Hijo (con mayúscula) del Padre Dios. El Padre y el Hijo (que somos nosotros), somos, por tanto, una misma cosa». Por esto, nosotros somos divinos, somos perfectos, somos eternos, somos todopoderosos, somos todo amor, igual que el Padre. Hemos sido creados a su imagen y semejanza. Esta idea de unidad entre el Padre y el Hijo es una idea totalmente nueva, aunque Jesús de Nazaret ya nos transmitió esta misma concepción de la Santísima Trinidad. La cultura pagana y el judaísmo han tenido tanta fuerza que nos han transmitido hasta hoy día la idea de que los dioses o el dios están alejados de nosotros, viven en otro lugar.

Nosotros somos sus protegidos. Nosotros debemos portarnos bien para que ellos no nos castiguen. Dependemos de ellos y nos quejamos a ellos cuando las cosas no nos salen como nosotros queremos. La Iglesia llama blasfemias a expresiones que, por estética, no voy a reproducir aquí.

Esta ha sido la gran equivocación de todas las religiones, incluida la cristiana: considerar a Dios fuera de sus criaturas.

A pesar de esta concepción equivocada del misterio de la Santísima Trinidad, ha habido muchas personas, tanto cristianos como musulmanes, que han corroborado la perfecta unión del Hijo con el Padre. Veamos dos ejemplos.

El místico cristiano más conocido es Juan de Yepes, san Juan de la Cruz. Acudimos a su legado escrito, tanto en prosa como en poesía, para llevar a nuestra conciencia el mensaje de unidad con nuestro Padre Creador.

En su carta a Ana de Mercado y Peñalosa, el año 1584, le escribe:

El más perfecto grado de perfección al que, en esta vida, se puede llegar es la transformación en Dios.

Es interesante recalcar que, san Juan de la Cruz dice que en esta vida, no es necesario esperar a la otra, se puede lograr nuestra transformación en Dios. Dicho con otras palabras: podemos vivir como el Dios que somos en esta vida. En realidad, san Juan de la Cruz da por hecho que somos uno con el Padre, y lo único que le dice a Ana de Mercado y Peñalosa es que en esta vida podemos vivir como lo que ya somos.

Si acudimos a la parte más hermosa de San Juan de la Cruz que, son sus poemas, encontramos en uno de ellos, «La noche oscura del alma», el mismo mensaje que transmite a Ana. En una estrofa de este poema dice:

> *¡Oh noche que guiaste!*
> *¡oh noche amable más que la alborada!*
> *¡oh noche que juntaste Amado con amada,*
> *amada en el Amado transformada!*

¡Genial, insuperable!

Otro ejemplo, esta vez de un místico musulmán llamado Al-Hallaj: fue un místico sufí que vivió a finales del siglo IX de nuestra era cristiana. Con su mensaje se inicia, realmente, una nueva etapa en la mística islámica.

Mantenía la idea de que todos los seres humanos estamos unidos íntimamente a Dios. Defendía que no hay separación entre Dios y nosotros.

Por poner en tela de juicio la visión ortodoxa de la concepción divina del islamismo fue arrestado bajo la acusación de chií y de haber atentado contra la autoridad del califa. Fue condenado a muerte y ejecutado mediante la horca. Luego fue crucificado, mutilado y quemado.

Antes de la ejecución, el verdugo le interrogó diciendo: «¿Dices que tú eres Dios?». A lo que Al-Hallaj respondió: «No, hermano, lo que yo digo es justamente lo contrario; digo que Dios es yo y yo soy Dios cuando ceso de ser yo».

Este último yo es nuestro yo físico, mental y emocional. Es nuestro ego. A medida que vamos abandonando nuestro ego, vamos descubriendo el Dios que somos.

En ambos ejemplos se aprecia claramente que formamos parte de la divinidad. Debemos abandonar nuestro apego al cuerpo físico para que nos reconozcamos, realmente, como el Dios que somos.

Es hora ya de que empecemos a asimilar este cambio radical en la concepción de Dios. Pasar de concebir un Dios externo, a concebirnos como parte de la divinidad. Somos el Hijo, somos uno con el Padre y Creador.

—¿Qué te parece, Luis, esta visión de Dios?

—Bueno, está bien, pero todavía la tengo que asimilar.

—¿Y qué te ha parecido esa hermosa poesía de san Juan de la Cruz?

—Prefiero la poesía de Espronceda, la «Canción del pirata». «Con diez cañones por banda, viento en popa, a toda vela, no corta el mar, sino vuela un velero bergantín. […] Que es mi barco mi tesoro, que es mi dios la libertad, mi ley, la fuerza y el viento, mi única patria la mar».

—Eres un aguafiestas, no sé cómo te aguanto. Medio te perdono porque has elegido una estrofa donde sale Dios muy bien parado.

—Vaya, amigo mío. Estás hablando continuamente del perdón y ahora a mí solo me perdonas a medias.

—Perdonar a un amigo a medias es darle la posibilidad de seguirlo perdonando.

A partir de esta nueva concepción de Dios debemos asimilar nuevas verdades.

El Hijo (con mayúscula), nunca pecó ni nunca podrá pecar porque es obra perfecta del Padre y Creador.

El hijo (con minúscula) fue fruto de un error. Este error no tuvo su origen ni en el Padre ni en el Hijo (con mayúscula).

En el instante en que el Padre crea al Hijo es cuando el hijo toma cuerpo y se produce el error original. En ese instante, el hijo es fruto de una ensoñación y se cree separado del Padre. La ensoñación se produce en la mente del hijo que se cree separado del Padre. Nunca se produce en el Hijo que Él ha creado y que es perfecto.

El libro *Un curso de milagros* nos dice, en primer lugar, que al producirse esta ensoñación, el hijo no comete ningún pecado. Se trata, únicamente, de un error.

Por lo tanto, es fácil comprender que nosotros tenemos dos experiencias: la del hijo separado del Padre y la del Hijo que realmente somos.

Vivimos a la vez el sueño y la realidad, pero solo somos conscientes del sueño. Nuestro estado corpóreo-mental nos muestra como real la experiencia de ser el hijo (con minúscula). Por esta razón, el Padre, preocupado por el sueño en que está sumido su hijo, encarga a su Hijo primigenio, Jesús, nuestro hermano, que nos proporcione la herramienta adecuada, *Un curso de milagros*, con la finalidad de ayudarnos a despertar.

Un curso de milagros nos permite encontrar el camino de la verdad y del conocimiento del Hijo que realmente somos. Se trata, en definitiva, de despertar del sueño en el que el hijo está sumido.

Llegado a este punto, entra la tercera pata del misterio: el Espíritu Santo. El Padre es consciente de que el hijo no puede despertar por sí mismo, ya que su ego es una barrera para su despertar. Por eso, el Padre pone a disposición del hijo la figura del Espíritu Santo, quien se encargará de que este despierte del sueño.

¿Qué nos pide el Padre a nosotros, el hijo errado? Solo nos pide poner nuestro deseo y nuestra buena voluntad. El personaje que da vida al Espíritu Santo lo podemos elegir a nuestra voluntad. El Padre no nos lo impone.

Yo, por ejemplo, elegí a la Virgen María, la madre de Jesús de Nazaret, como mi Espíritu Santo; sencillamente por un motivo cultural: me educaron, en mi infancia, en la devoción a la Virgen María. Sin embargo, aunque siempre le he tenido devoción, es desde hace unos tres años cuando le he dado el encargo de que sea mi Espíritu Santo. Y la verdad, no me está defraudando.

Tengo amistades que tienen otro Espíritu Santo. Precisamente, una de esas amistades tiene al arcángel San Miguel como su Espíritu Santo. Y, por lo que me cuenta, le va de maravilla.

De todas maneras, yo no voy a cambiar. Voy a serle fiel a mi Madre querida. A la larga no es el personaje, sino la sinceridad con que le contemos nuestra realidad: nuestras dudas, nuestros miedos, nuestras culpas, nuestras ideas equivocadas. No pretendo hacer propaganda de nadie, pero creo que hay muy buenos personajes para elegir: san Agustín, san Juan de la Cruz, san Francisco de Javier, san Francisco de Asís, la Madre Teresa de Calcuta y tantos otros.

El único requisito que el Padre exige para desempeñar correctamente la función de Espíritu Santo es que sea un ser de luz. Llegado a este punto, el misterio de la Santísima Trinidad deja de ser un misterio.

—Juan, tengo una pregunta que hacerte. Me parece interesante lo que acabas de explicar. Pero ¿por qué el Padre consiente o permite que en el Hijo que Él ha creado se produzca este error?

—Los designios de Dios son inescrutables. Yo, que me he hecho esa misma pregunta, me he conformado con la siguiente respuesta: el papá sale a dar un paseo con su hijito. El papá vigila que su hijito no corra ningún riesgo y lo protege, pero sí que permite que se sienta libre y cometa ciertas travesuras. El papá sabe que esas travesuras no le van a causar ningún daño importante. Cuando el niñito cae y comienza a llorar, el papá lo rescata con cariño. De esta forma, el papá ha conseguido dos cosas: por un lado, que el hijito aprenda a utilizar su libertad; por el otro, que acepte la protección y dependencia de papá.

—Juan, quizás es la primera vez que me convences, te seguiré con atención.

Resumiendo: el Padre es el Creador, el Hijo somos nosotros, todas las criaturas, y el Espíritu Santo es el encargado por el Padre para que nosotros, sus hijos, podamos corregir el error original. Entendido así, ya no hay misterio. ¡Eureka!

El origen de la separación

La separación se refiere a la separación que hace el Dios Hijo (que somos nosotros), del Dios Padre (que es el Creador).

Un curso de milagros, en el capítulo 2, apartado 1, comienza diciendo:

> *La capacidad de extenderse es un aspecto fundamental de Dios y que Él le dio a su Hijo. En la Creación, Dios se extendió a Sí Mismo y a sus Creaciones y les infundió la misma amorosa Voluntad de crear que Él posee. No solo fuiste plenamente creado, sino que fuiste creado perfecto. No existe vacío en ti. Debido a la semejanza que guardas con el Creador, eres creativo.*

De la lectura de este párrafo podemos sacar muchas conclusiones y de gran valor, entre ellas una importante: no podemos renunciar a nuestra creatividad. Somos creativos por naturaleza; es más, si renunciamos a nuestra creatividad, estamos renunciando a nuestra semejanza con el Creador.

El hecho de que no podamos dejar de ser creativos puede suponer un problema; ya que, al considerarnos separados del Creador, en el momento que dejamos de ser creativos en los términos en los que la voluntad de Dios planteó la creación, pasamos a ser creativos en los términos de nuestro ego.

Cuando dejamos de ser creativos, según la voluntad divina, pasamos a ser una proyección y esta es el aspecto negativo de nuestra creatividad. El curso sigue diciendo:

Ningún Hijo de Dios puede perder la facultad de crear, ya que es inherente a lo que él es, pero sí puede usarla de forma inadecuada, al proyectar. El uso inadecuado de la extensión, la proyección, tiene lugar cuando crees que existe en ti alguna carencia o vacío y que puedes suplirla con tus propias ideas en lugar de con la verdad.

La proyección surge cuando creemos que existe un vacío en nosotros; cuando creemos estar en carencia; cuando no creemos en la perfección en la que fuimos creados.

—Juan, tengo que confesarte una cosa que cada vez me preocupa más.

—Dime, Luis, ¿qué cosa es esa?

—Llevo 15 años trabajando en la misma empresa y, prácticamente, estoy realizando el mismo trabajo cada día. Estoy muy aburrido, a veces hastiado de realizar siempre lo mismo, me falta motivación. ¿Qué me aconsejas? ¿Qué crees que debo cambiar para sentirme mejor?

—Eso que te pasa, Luis, es muy frecuente, le pasa a mucha gente.

—Claro, mal de muchos, consuelo de tontos.

—No lo tomes así. Te pregunto: ¿qué haces tú para cambiar, esa rutina?

—No puedo hacer nada. Muchas veces no me apetece ni hablar con mis compañeros, trabajo sin ganas.

—Luis, voy a darte una información importante: el problema está en tu mente. Tu mente está proyectando un trabajo aburrido y nada estimulante. La proyección que ha creado tu mente se ha convertido en una rutina que te está llevando a perder toda la creatividad que hay en ti. Tienes que dejar de proyectar lo que te dice tu mente y apreciar que tú, realmente, eres un creador, aunque te sientas involucrado en este mundo y te consideres separado del Padre. Tú, Luis, tienes una capacidad natural para crear. Tienes recursos suficientes para crear cada día algo nuevo en tu trabajo.

—Y, ¿qué crees que puedo crear cada día?

—Lo primero es creer que puedes. Si no llegas a ese convencimiento, estás perdido. Y lo segundo, trae a tu mente alguna cosa que te estimule, por ejemplo: «Con el trabajo de hoy; le voy a comprar a mi esposa, ese sombrero, que tanto le gusta», y luego te pasas el día pensando lo feliz que va a ser tu mujer cuando le regales ese sombrero.

—¿Y para mañana qué? ¿Le regalo otro sombrero?

—Por favor, Luis, que, aunque estás calvo, no tienes un pelo de tonto: si cambias el chip de tu mente, cada día sentirás una emoción nueva. Cada mañana, cuando te dirijas al trabajo, recuerda que eres el santo Hijo de Dios, capaz de crear igual que Él.

—Te haré caso, Juan. Espero que esto que me has aconsejado me cambie la vida.

—Estimula tu mente cada día y verás el resultado, Luis.

La creencia en nuestra carencia o en el vacío que sentimos es lo que nos lleva a la proyección. Proyectar significa estar viendo en el mundo cosas que no corresponden con la voluntad divina. Si Dios creó la armonía, tú estás proyectando la discordancia; si Dios creó la salud, tú estás proyectando enfermedad; si Dios creó la paz, tú estás proyectando guerra y conflicto. El curso nos dice:

El proceso de la proyección comprende los siguientes pasos.
Primero: crees que tu mente puede cambiar lo que Dios creó.

Esto, simplemente, es una falacia: lo que está creado ya no puede ser cambiado. Te corresponde a ti, ahora, utilizar tu capacidad creativa para generar tus propias creaciones, pero no puedes cambiar lo que Dios creó. Su voluntad perfecta persiste y persistirá.

Segundo: crees que lo que es perfecto puede volverse imperfecto
o deficiente.

Esto es como si dudaras de que la voluntad de Dios ha hecho lo mejor para ti.

Tercero: crees que puedes distorsionar las Creaciones de Dios,
incluido tú.

Esto significa que puedes cambiar la perfección en que tú fuiste creado. Si tú eres perfecto, no hay nada que pueda cambiar eso. Podemos ponernos una máscara que nos oculte el ser perfecto que somos, pero no podemos cambiar nada de nuestra perfección.

Cuarto: crees que puedes ser tu propio creador y que estás a
cargo de la dirección de tu propia creación.

No, tú no eres tu propio creador. Sí, puedes tomar decisiones en tu vida orientadas a hacer la Voluntad de Dios o puedes tomar una decisión equivocada, creyendo que tú eres tu propio creador y que diriges tu propia creación, apartándote, en este caso, de la voluntad divina. Tú existes dentro de la voluntad divina, pretender que puedes hacer algo distinto es negarte la posibilidad de gozar de esa Voluntad. El curso sigue diciendo:

Estas distorsiones, relacionadas entre sí, son un fiel reflejo de lo que realmente ocurrió en la separación o desvío hacia el miedo. Nada de eso existía antes de la separación ni existe realmente ahora.

En este párrafo nos está diciendo que el miedo no existía antes de la separación y nos está recordando que tampoco existe ahora. Sin embargo, nosotros experimentamos miedo en nuestro paso por este mundo. Las guerras y las enfermedades son una consecuencia del miedo.

¿Cómo podemos decir que, ahora, no existe el miedo? Tenemos miedo, porque estamos viviendo una ilusión que no es otra cosa que creernos separados del Padre. El miedo proviene de esa ilusión: nos creernos separados del Dios Padre.

El Dios Hijo sigue dentro de la mente del Dios Padre, en ningún momento ha salido; lo único que ha ocurrido es que el Dios Hijo ha entrado en una especie de sueño y, en esta fantasía que ha fabricado en su mente; él cree estar alejado del Creador.

El Dios Padre está incompleto sin su Hijo. Aquí podemos recordar la parábola del hijo pródigo: el hijo abandona a su padre, llevándose la herencia que le corresponde; termina perdiéndolo todo y regresa luego. El padre lo recibe con gran regocijo y con una fiesta en la casa.

Algo parecido ocurrió en la separación; la mente del Hijo se llevó esa porción de la mente del Padre, la entregó a la oscuridad y, ahora, quiere volver al Padre.

El curso nos dice a continuación:

La extensión, tal como Dios la emprendió, es similar al resplandor interior que los Hijos del Padre han heredado de Él.

Así como Dios extendió su amor para crear este producto perfecto que es su Hijo, así, también nosotros tenemos esta misma capacidad de extensión. Tal como Él crea, nosotros también creamos.

Esto lo podemos comparar con lo que ocurre con una vela: cuando una vela enciende otra vela, la primera no pierde nada de su luz; lo que ocurre es que, ahora, hay más luz a su alrededor y esta nueva vela encendida tiene la capacidad de encender a otras velas.

Nosotros no somos el Creador, pero al ser creaciones perfectas, tenemos la capacidad de crear como Él lo hace. El curso nos dice:

La verdadera fuente está en el interior del Padre. Esto es tan cierto con respecto al Padre como al Hijo. En este sentido, la Creación incluye tanto la creación del Hijo por Dios como las creaciones del Hijo una vez que su mente ha sanado. Esto requiere el libre albedrío con el que Dios le dotó, ya que toda creación amorosa se otorga libremente en una línea continua, en la que todos los aspectos tienen el mismo rango. El jardín del Edén, la condición que existía antes de la separación, era un estado mental en el que no se necesitaba nada. Cuando Adán dio oídos a las «mentiras de la serpiente», lo único que oyó fueron falsedades. Tú no tienes por qué continuar creyendo lo que no es verdad, a no ser que así lo elijas. Todo ello puede, literalmente, desaparecer en un abrir y cerrar de ojos, porque no es más que una percepción falsa. Lo que se ve en sueños parece ser muy real. Y hay una cosa más: en la Biblia se menciona que sobre Adán se abatió un profundo sueño, mas no se hace referencia, en ninguna parte, a que haya despertado de ese sueño.

Esto último nos indica que el Hijo de Dios está soñando, sigue dormido y en este sueño. El Hijo de Dios cree estar separado del Padre.

Adán entra en un sueño aún más profundo en el que se considera dividido en macho y hembra: Adán y Eva. Luego de esta separación, viene la multiplicidad de todos estos seres que ahora nos vemos individualizados y partidos, siendo todos aspectos distintos de un mismo Dios. Somos las diferentes máscaras del Dios Hijo, pero seguimos siendo el Dios Hijo que sueña, que duerme. Sigue diciendo el libro:

El mundo no ha experimentado, todavía, ningún despertar o renacimiento completo. Un renacer así es imposible, mientras sigas proyectando o creando, falsamente. No obstante; la capacidad de extender, tal como Dios te extendió Su Espíritu, permanece todavía, dentro de ti. En realidad, ésta es tu única alternativa, pues se te dio el libre albedrío, para que te deleitaras creando lo perfecto.

Eckhart Tolle utiliza la siguiente metáfora:

Habla de cómo hace millones de años atrás, una mañana húmeda, se abrió por primera vez una flor, la primera flor en la evolución de este planeta. Esa flor fue un evento aislado y, muy posiblemente, en horas o en muy pocos días, esa flor se marchitó, pero posteriormente empezaron a abrirse flores y más flores. Y lo que antes había sido un evento aislado y pequeño se convirtió ahora en un evento colectivo y, de pronto, todo el planeta entero se vistió de flores. Así entramos en nueva era.

El reino vegetal entró en un florecimiento, en una suerte de despertar colectivo.

En el caso del ser humano ha habido despertares de individuos aislados: tenemos a Jesús de Nazaret, a Siddhartha Gautama y tantos otros. Todos eran como flores aisladas abriéndose en diferentes eras o en diferentes etapas, pero conforme se van abriendo esta aceleración de la conciencia empieza ahora a multiplicarse.

Nos puede servir para entender esto la analogía de la olla: Ponemos a calentar una olla con agua. Al cabo de un rato observamos cómo en el fondo de la olla aparece una burbujita y, al rato, aparece otra burbuja más y enseguida aparece otra y otra más hasta que el fondo de la olla empieza a llenarse de burbujas. Pronto, una de estas burbujitas se desprende del fondo de la olla y empieza a subir hacia la superficie, donde se convierte en vapor. Luego pasa lo mismo con una segunda burbuja, con la tercera, la cuarta y así hasta que multitud de burbujas suben a la superficie de la olla. De esta manera el agua pasa a otro estado que es el estado de vapor. Sigue siendo agua, pero sus moléculas están más dispersas, más separadas las unas de las otras.

Digamos que a la conciencia humana le ocurre algo parecido: se abrió esta flor en la conciencia de Jesús, también de Gautama y de tantos otros, pero ahora esta apertura de la conciencia se está multiplicando a gran velocidad y nos acercamos a un momento crítico en el que podemos despertar colectivamente.

El libro nos dice que este despertar colectivo no ha ocurrido todavía. Este despertar colectivo, depende de cada uno de nosotros. Mutuamente tenemos que invitarnos a este despertar, debemos procurar no hacer más proyecciones negativas sobre el mundo y aceptar la voluntad de Dios. Esto nos llevará al despertar colectivo.

—Hola, Juan. Después de este empacho de citas y reflexiones, tengo dos opciones: creer lo que me cuentas o no creer nada.

—Me parece perfecto, Luis, que montes el siguiente silogismo: si no crees nada de lo que te cuento, no crees que eres el Hijo de Dios; si no crees que eres el hijo de Dios, eres un ser llamado Luis, creado por Dios, pero con unas capacidades muy mermadas. Por lo tanto, si no crees nada de lo que te cuento, eres un ser insignificante y raquítico. ¿Es este tu razonamiento?

—No lo sé; tampoco estoy seguro de lo que pienso. De que he sido creado por Dios no tengo duda, pero entiendo lo que tú dices: ¿se iba a molestar Dios en crear esta birria que soy yo para vivir unos pocos años y de malas maneras? Si Dios es tan perfecto y tan cojonudo para crear el mundo maravilloso que captamos con nuestros sentidos, no le veo ninguna gracia que nos haya creado a nosotros para vivir poco y mal.

—Bien razonado, Luis. Casi estás a punto de aceptar el otro silogismo: si crees lo que te he contado, crees que eres el Hijo de Dios; si crees que eres el Hijo de Dios, has sido creado por Dios a su imagen y semejanza. Por tanto, si crees lo que te he contado, eres un ser perfecto y creador.

—Siempre me enredas con tu lógica, Juan, tengo que aceptarlo. Pero ahora me viene la gran pregunta: si soy perfecto y creador, ¿cómo puedo hacer para reconocerme eso que soy?

—Pues ahora te doy la gran respuesta: cambia el chip que hay en tu mente. Pon el chip de Dios: «soy el Hijo de Dios», repite esta frase una y mil veces hasta que consigas que tus actos sean obra de la voluntad de Dios.

—Fácil me lo pones, pero no es tan fácil.

—Entiende, Luis, que no es fácil pasar de la nada al todo. A ver si te crees que va a ser tan fácil como tomarte una cerveza. Tendrás que poner voluntad y ganas. Ayuda no te va a faltar, pero tú has de aportar algo.

—Lo voy a intentar, pero ¿por dónde empiezo?

—Sigue leyendo mis consejos con voluntad y ganas y sin darte cuenta irás avanzando en el camino espiritual que te llevará a conocer el ser que eres.

—Amén.

Todavía, hay ciertas cosillas, que quiero aclarar. Cuando Adán, entra en un sueño y se considera dividido en Adán y en Eva, se crea la idea de la multiplicidad.

El Hijo de Dios, que por naturaleza es Uno, se empieza a considerar como una multitud de hijos (con minúscula) El Padre considera la existencia de los hijos (con minúscula) como un error, nunca como un pecado, ya que debemos entender que los hijos (con minúscula) han sido originados por un error del Hijo (con mayúscula) y el Hijo (con mayúscula) no puede pecar.

A partir de este momento y como consecuencia de esta separación, nos encontramos que nosotros, los hijos (con minúscula), tenemos dos existencias distintas: una, la que creemos ser, y otra, la que somos. Por una parte, somos el Hijo de Dios (con mayúscula) y, por la otra, creemos que somos el hijo (con minúscula).

La realidad es lo que somos y la ficción o el sueño es lo que creemos que somos. Dicho de otra manera: la realidad es que somos el Hijo (con mayúscula) y la ficción o sueño es que creemos ser el hijo (con minúscula)

Podríamos establecer un parangón con lo que ocurre en los primeros años de nuestra vida. Un niño, al principio de su vida, se siente que es una misma cosa con su mamá. Luego, llega un momento en el que se produce la separación: la mama está en un lugar y el niño ya está en otro, es decir, el niño se siente separado de su mamá.

Es precisamente el hijo (con minúscula) el que toma conciencia de estar separado. Y esta separación es la que nos hace vivir todas las situaciones y acontecimientos que experimentamos en este mundo.

Si nuestro Creador, la fuente, el origen de nuestro ser, es puro amor, eso es lo que nosotros somos.

La separación del hijo (con minúscula), no es creación del Padre, fue un sueño de Adán, por eso no es algo real y, lo que no es real, no existe en la creación.

El Padre crea al Hijo trascendiendo su voluntad y para que fuera un cocreador con Él. Si el Hijo es un creador y este Hijo tiene un pensamiento de separación que no rechaza, este pensamiento se hace real para el hijo, pero no es real para el Padre.

El hijo (con minúscula) en realidad aparece en la mente del Hijo (con mayúscula) cuando este tiene un pensamiento no amoroso. Cuando el hijo asume como real este pensamiento de separación, su mente queda dividida. A partir de este momento, quien manda en el hijo es la mente errada.

—Juan, ¿Me puedes decir quién soy yo? ¿El Hijo o el hijo?

—Luis, tranquilo, que es muy fácil de entender. Tú eres el Hijo (con mayúscula) y punto. Aquí se acaba la historia.

—Entonces, ¿para qué me hablas del hijo (con minúscula)?, ¿qué pinta en esta historia ese hijo (con minúscula)?

—A ver, cabezón; tú eres el Hijo (con mayúscula), pero por un instante y por error, te creíste que eras el hijo (con minúscula). Te crees, pero no lo eres. ¿Lo entiendes ahora?

—Ahora sí que me estás volviendo loco. Soy, pero creo que no soy; creo que soy lo que no soy. Si seguimos así, pronto te vas a quedar sin alumno o tendrás que ir a darme las clases al manicomio.

—Perdona. Permíteme que te lo explique de otra manera: tú eres Luis, 1,78 de altura, 43 años, bien parecido, nacido en el pueblo de Buenavista, hijo de Francisco y de Josefina y ayer estuviste en una fiesta celebrando el cumpleaños de tu mejor amigo, lo pasaste superbien, pero bebiste un poco más de la cuenta. A las tres de la madrugada volviste a casa, casi no acertabas a meter la llave en la cerradura de tu piso. Por fin te tumbaste en la cama y, automáticamente, te quedaste dormido. Supongo que me has entendido hasta aquí.

—Claro que te he entendido, me puedo emborrachar, pero no pierdo mi identidad, todavía se quién soy. No sé a dónde quieres llegar.

—Tumbado en la cama y, aparte de roncar como un cerdo, estás en los brazos de Morfeo: acabas de salir de una fiesta de la mano de una hermosa mujer de la que te acabas de enamorar, vais caminando a tu coche que lo tienes aparcado en frente. Estás muy nervioso, pero al mismo tiempo te sientes el hombre más feliz del mundo. La chica te mira y tú sientes una alegría inmensa. Quieres decirle algo, pero no puedes. Arrancas el coche y vuelas hacia las afueras de la ciudad. De repente, la policía te para: por favor, le vamos a hacer la prueba. Tu corazón empieza a latir con fuerza y caes de los brazos de Morfeo. ¿Podrías decirme qué es esto que acabo de explicar de ti?

—Eso es un sueño, sin más.

—En verdad ha sido un sueño, pero no cabe duda que lo has vivido como si fuera totalmente real: tu corazón se ha puesto a latir a 150 pulsaciones por minuto. Durante diez minutos tu realidad ha sido la del sueño. Por un breve tiempo has creído ser un conquistador exitoso.

—Gracias, Juan, ahora entiendo mejor lo que me has querido decir. De todas maneras, no me creo que yo sea el Hijo (con mayúscula).

—No pasa nada, creas lo que creas, tú eres lo que eres y punto.

En esta vida, todo lo que vemos, sentimos y experimentamos es un sueño: nos levantamos; nos duchamos; vamos al trabajo; hablamos con el jefe; discutimos con un compañero de trabajo; llegamos a casa estresados; nos sentimos de mal humor; mostramos cierto desprecio hacia nuestra esposa, y, por último, dormimos a pierna suelta. Y mientras dormimos, tenemos sueños.

—Luis, quiero que entiendas una cosa: todas las personas, incluidos los que tienen mucho dinero y los que tienen mucha fama y poder, pasan por situaciones de sufrimiento y dolor a lo largo de su vida: temen, como los que más que les llegue el final de su vida porque saben que nada de lo que han conseguido en esta se van a llevar.

—De acuerdo, Juan. Esta es la verdad más cierta de todo lo que me estás contando, pero todos esos poderosos dicen para sus adentros: «Que me quiten lo *bailao*».

—¿De verdad, Juan, crees que han disfrutado mientras bailaban?

—No mucho, porque seguro que a la mayoría le dolía algún hueso mientras bailaba.

—¡Que agudo eres, Luis! Ahora estás inspirado, por eso te hago la siguiente pregunta: ¿tú crees que vale la pena bailar en estas condiciones y por tan poco tiempo?

—Depende, si no hay otro baile mejor, habrá que agarrarse a lo que hay.

—Ahora ya me estás jugando al despiste, voy a cuadrarte como a un toro. ¿Verdad que estás maravillado de todo lo hermoso que hay en esta vida? El cielo estrellado; las montañas nevadas; los paisajes verdes con riachuelos de aguas blancas; la hermosura de nuestros cuerpos desde que nacemos; aquello que sentimos cuando nos enamoramos… La lista podría ocupar muchas páginas.

—¿A dónde quieres llegar? Porque te has olvidado de todos los desastres que ocurren mientras contemplamos esas maravillas.

—Quiero hacerte la siguiente reflexión: ¿crees que todas estas maravillas las han hecho nuestros arquitectos e ingenieros?

—Por supuesto que no. Todas esas maravillas, según tú, ya estaban ahí antes de llegar nosotros. Lo de menos es quién las haya hecho, lo de más es que están ahí para que las disfrutemos.

—Luis, podríamos seguir discutiendo así por los siglos de los siglos. Para zanjar esta polémica, te voy a dar mi opinión: el ingeniero de todas estas maravillas que te he descrito es el Hijo (con mayúscula), que eres tú, en colaboración con el Padre Creador, y el ingeniero de todas las calamidades que existen en este mundo es el hijo (con minúscula), que también eres tú. ¡Toma ya!

—Ni tomo, ni ya. Reconozco que tú eres el maestro y punto.

¿Cuántas veces hemos tenido un sueño desagradable, incluso dramático y, cuando nos despertamos, nos llega una sensación de alivio?: ¡Menos mal que era un sueño!

Incluso en la vida real, cuando nos ocurre una desgracia o se produce un acontecimiento desagradable nos tocamos el brazo preguntándonos: «¿No estaremos soñando?».

Es curioso porque, con frecuencia, en una situación no deseada quisiéramos que fuera un sueño. Esto nos demuestra que nuestra mente nos hace vivir, entre la realidad y el sueño.

Nuestro ser real no puede estar afectado por nada de lo que ocurre en este mundo. Este mundo no ha sido creado por el Padre. El Padre no ha creado este mundo de calamidades. Solo en la mente del hijo (con minúscula), que se siente separado, es donde existen todos estos infortunios. Todo está en nuestra mente. Vemos el mundo que nuestra mente nos dibuja.

La primera emoción que el hijo (con minúscula), siente cuando se cree separado y cuando crea ese falso yo es el miedo. Llegados a este punto, todavía nos queda una gran sorpresa por desvelar. «El Padre bendice las falsas creaciones del hijo». El Padre no ha creado este mundo de ilusiones. Pero el hecho de que bendiga todas las creaciones que el hijo (con minúscula) hace en este mundo, aunque sean creaciones falsas, nos otorga, a nosotros los hijos, un lugar de privilegio.

—Luis, quiero llamar tu atención sobre un detalle que puede que no lo hayas captado.

—Vaya, ya veo que me estás tomando por tonto. Dime.

—Todos los seres humanos que hemos vivido, viven y vivirán somos uno, somos el único Hijo que el Padre ha creado. Sin embargo, el Padre bendice todo aquello que los hijos (con minúscula) han creado, incluso bendice a los propios hijos (con minúscula). Por este motivo, cuando los hijos (con minúscula), despertemos de este sueño, nos reconoceremos eternamente como los hijos individuales que hemos creído ser, pero con el sentimiento de unidad, es decir, sintiéndonos todos Uno; que es lo que siempre hemos sido: Uno en el Hijo (con mayúscula).

—¡Qué complicado me lo pones! Varios, pero Uno. No entiendo nada.

—A ver, besugo, ¿tú cuántas manos tienes, cuantas cabezas, cuantos ojos, cuantos dedos, cuantos riñones? ¿Verdad que todas esas cosas son distintas entre sí? Sin embargo, tú eres uno, Luis. ¿Entiendes ahora cómo varias cosas pueden ser uno?

—Voy a aceptar, a pesar de cómo me tratas, que tienes razón, pero, en adelante, quiero que me trates con un poco más de respeto.

—No te ofendas, Luis, ya sabes que eres mi hermano.

Dios bendijo las creaciones de su Hijo (con mayúscula), cuando cayó en este sueño y se originaron los hijos (con minúscula). Si el Padre bendice este mundo de ilusiones que nosotros hemos creado en nuestra mente, ¿qué nos preparará nuestro Padre cuando despertemos de este sueño? ¡Será algo que nos dejará con la boca abierta!

La Expiación

Hay dos tipos de Expiación: la expiación (con minúscula) y la Expiación (con mayúscula).

La expiación (con minúscula) es una consecuencia de nuestra culpa y se manifiesta mediante el dolor y el sufrimiento. Cuando sufrimos, estamos expiando (con minúscula).

La Expiación (con mayúscula) es la herramienta que tenemos a nuestro alcance para liberarnos de la culpa.

La expiación (con minúscula) es obra del ego y la Expiación (con mayúscula) es obra del Espíritu Santo.

Según la religión cristiana, Jesús, con su muerte y posterior resurrección, nos redimió del pecado original. Según *Un curso de milagros,* esta concepción encierra dos errores. El primero es que Jesús de Nazaret es nuestro hermano. Él es Hijo de Dios igual que lo somos nosotros. Por lo tanto, nadie igual se puede erigir en superior. El segundo error es que Jesús de Nazaret no vino a este mundo a redimirnos de nuestro pecado original, ya que el Hijo, que somos nosotros, nunca pecó.

Jesús de Nazaret vino a liberarnos de nuestras culpas. Culpas que creemos tener, porque de eso se encarga el ego. Vino a decirnos que la expiación (con minúscula) no es la solución. Vino a decirnos que la solución está en la Expiación (con mayúscula). En una de las siete palabras que pronunció en la cruz nos enseñó cómo nosotros debemos Expiar (con mayúscula): «Padre, perdónales porque no saben lo que hacen».

La Expiación (con mayúscula) es la manera de corregir nuestros errores, los errores que cometemos los hijos (con minúscula) como consecuencia de considerarnos separados de la fuente, del Padre.

La Expiación (con mayúscula) es un plan ideado por nuestro Padre.

Dice el curso:

Todo sufrimiento que el hijo tiene en este mundo es una forma de expiación (con minúscula). Todas las lágrimas que derramamos tienen que ver con la culpa que nosotros creemos tener.

Cada vez que hacemos algo que Dios no haría, que decimos algo que Dios no diría o pensamos algo que Dios no pensaría, acarreamos culpa. Tengamos muy en cuenta que esta culpa la sentimos porque obedecemos a los planes del ego.

Esta culpa no existe porque no la ha creado el Padre. Y si no existe la culpa, tampoco existe la expiación (con minúscula), o lo que es lo mismo, no existe el sufrimiento ni el dolor. Estas cosas son una proyección de nuestra mente dual o errónea. Si no hay culpa en nosotros, tampoco serán culpables nuestros hermanos.

—A ver, Juan, hay cosas que explicas que no me encajan. Dices que la culpa no existe y que el sufrimiento es una forma de expiar (con minúscula). Si no existe la culpa, según tú, tampoco existirá el sufrimiento. ¿Para qué hablas de expiar (con minúscula)?

—Realmente no existe ni la culpa, ni el sufrimiento, ni la expiación (con minúscula) y tampoco haría falta la Expiación (con mayúscula).

—¡Bien! Ahora sí que la has hecho buena. No existe nada, ni mi guitarra. A ver quién toca ahora mi melodía.

—No te pongas bravo, no tomes decisiones precipitadas. Tú sí eres culpable porque eres un cabezón. La culpa está en tu cabeza, en tu mente errónea controlada por tu ego. Tu ego te hace ver que eres culpable y por eso sufres y por eso expías (con minúscula). Por eso el Padre te proporciona la herramienta de la Expiación (con mayúscula), para que corrijas ese error que hay en tu mente. ¿Lo entiendes ahora?

—No me ha gustado nada que me hayas llamado cabezón. Un poco de respeto, amigo, ya sé que soy más tonto que tú, pero tengo mi dignidad.

—Te he llamado cabezón porque se supone que la mente está en la cabeza, no porque te crea tonto, y si te he molestado, perdóname. Mientras vivamos en este mundo y, sobre todo, mientras nuestra mente esté regida por el ego, tendremos la expiación (con minúscula) y necesitaremos de la Expiación (con mayúscula). ¿Ves ahora la diferencia?

—Quiero pensar que es mi ego el que te está contestando, ya que, cuando recapacito un poco, veo que tienes razón.

—Muy bien, Luis. Lección enseñada.

Debemos entender muy bien que la expiación (con minúscula) no es una solución al problema de la culpa; es, sencillamente, una consecuencia de la culpa. Dicho de otra manera: si no nos sintiéramos culpables de nada, dejaríamos de sufrir y de padecer dolor.

Por eso, siguiendo este razonamiento, la manera de eliminar el sufrimiento de nuestra vida será practicar la Expiación (con mayúscula) porque así nos liberamos de la culpa.

En la lección 136 del libro de ejercicios de *Un curso de milagros* se nos enseña a Expiar con la siguiente oración:

He olvidado lo que realmente soy, pues me confundí a mí mismo con mi cuerpo. La enfermedad es una defensa frente a la verdad. Mas yo no soy un cuerpo. Y mi mente es incapaz de atacar. Por tanto, no puedo estar enfermo.

Aquí, en este mundo, en esta ilusión, en este sueño, de lo que disponemos es de un cuerpo y de tiempo. Ambas cosas son ilusorias, no tienen existencia real, ya que lo eterno es lo único que tiene existencia real. El cuerpo no es eterno y el tiempo es un concepto que nosotros hemos inventado.

- Si a un niño de dos años le decimos: «Pasado mañana te vamos a llevar al parque», el niño, rápidamente, toma la pelota y se muestra dispuesto para ir al parque. El niño solo ha entendido que lo vamos a llevar al parque.
- El concepto de pasado mañana no existe para el niño, ya que todavía no ha forjado un yo que pueda proyectar y verse a sí mismo en el pasado mañana.
- El tiempo es la proyección del falso yo que nosotros hemos fabricado. Nos proyectamos y por eso podemos vernos en el futuro, pero el niño de dos años no se ha proyectado todavía.

Todos nosotros, aquí, elaboramos un personaje con el cual nos movemos, con el cual vamos caminando por este valle de lágrimas. A todos nos ha pasado que, a una determinada edad, deseamos tener una firma con la cual creamos un yo personalizado, que nos haga diferentes a los demás.

Vivimos nuestra vida diaria comparándonos con los demás. Observamos que muchos son más o menos iguales a nosotros, pero pensamos que la gran mayoría están por debajo de nosotros. Y cuando sale alguien que está por encima, buscamos la manera de minimizarlo. El curso nos dice que «nadie es más que nadie. Todos somos el mismo Hijo. Nuestra igualdad es absoluta».

En este mundo, vivimos en una ilusión y respondemos con nuestros actos a esa ilusión.

Si obtengo un dinero extra, lo destino a darme un capricho. Si alguien me insulta, le respondo con un insulto mayor. Si me ganan en algo, me siento mal. Si pierdo algo, intento encontrarlo como sea. Cuando alguien me alaba, me entran deseos de darle un abrazo. Lloro cuando estoy perdido, grito cuando no me oyen. Todo esto son reacciones que salen de mi ego incontrolado.

Si atacamos a alguien, el curso afirma una y otra vez que el ataque nunca jamás está justificado. No importa lo que el otro nos haga, jamás está justificado.

Tenemos una gran resistencia a decir: «Me equivoqué, me dejé engañar».

El ego es quien nos tienta a hacer lo que no es de Dios. Luego, es ese mismo ego el que nos hace sufrir, el que nos mete el dolor en el cuerpo. Cuando nos damos el gusto de insultar a otra persona, muy pronto sentimos el disgusto del dolor.

—Hola, Juan, te quiero comentar una cosa que me pasa a mí, a raíz de lo último que acabas de decir.

—¿Qué cosa es, Luis?

—Me pasa a mí, quizás a nadie más le pasa. Cuando alguien me lleva la contra en una conversación normal o me insinúa: «Luis, estás equivocado, no es verdad lo que dices», yo me siento humillado, como que pierdo personalidad. ¿Crees que esto es normal?

—Totalmente normal, Luis. Perder personalidad, perder prestigio, perder fanes, perder cosas es lo normal en este mundo de la ilusión. Realmente tú no pierdes nada porque no puedes perder nada, pero como en tu mente el ego te ha metido muchas cosas, son esas cosas las que te duele perder.

—O sea, ¿debo luchar por no sentirme menospreciado y humillado cuando me ocurren estas cosas?

—Lo tienes muy fácil. Cuando te ocurran esas cosas, recurre al siguiente pensamiento: «Soy el santo Hijo de Dios. ¡¿Quién da más?!».

Queremos ser buenos, ser luz, llegar al conocimiento de lo que realmente somos. Sin embargo, seguimos completamente agarrados a las cosas de este mundo y a sus apariencias. Todo esto nos sume en una contradicción. Por una parte, queremos desprendernos de todo el lastre que vamos acumulando con la toma de decisiones egocéntricas y, por la otra, caemos continuamente en las tentaciones que nos propone nuestro ego.

Eliminar esta contradicción y llegar a un estado de paz no va a ser algo repentino. Este proceso nos puede llevar tiempo. No basta con rezar: «Espíritu Santo, yo quiero estar agarrado a ti, quiero que todas las decisiones que tome sean conformes a la voluntad de Dios». A esto debemos añadir nuestra disposición a querer perdonar a nuestro hermano, a ese hijo de Dios que nos injurió y nos traicionó o cometió traición con alguno de nuestros seres queridos.

Llegará un momento que nuestro deseo de perdonar sea superior a nuestro deseo de atacar. Esa será la señal de que vamos por el camino correcto. Mientras percibamos al hermano como culpable, mientras en nuestra mente haya un culpable, estaremos estancados. No avanzaremos por el camino de la verdad ni por el camino espiritual. Queremos que el otro sea el malo de la película. Si alguien nos ha hecho algo que nos ha dolido, ¿cómo vamos a perdonar a ese hijo de…, de Dios?

Para tomar el camino del perdón tenemos una herramienta extraordinaria: la Expiación (con mayúscula).

Cuando el curso me dice: «Tu hermano es inocente, es tu salvador». ¡¿Cómo que es mi salvador?! En una situación así queremos tirar el libro por la ventana.

Y el curso dice:

Va a llegar un momento, en nuestro proceso espiritual, que nosotros vamos a pedir perdón a todas aquellas personas que han sido la fuente de nuestro dolor.

Es muy importante apreciar la diferencia que hay entre nuestro hermano y el ego de nuestro hermano.

No nos atrevemos, nos da miedo, incluso terror, decirle a alguien que tiene razón, que fuimos nosotros los que nos equivocamos, que hicimos mal en juzgarle.

Cuando dejemos de atacar y cuando ya no utilicemos la defensa, habremos logrado un buen nivel en nuestro camino espiritual. Entonces estaremos en disposición de hacer milagros.

—¿Qué milagros podré hacer, Juan?, que yo tengo muchas ganas de hacer milagros.

—Pues mira, Luis, yo pienso que ya estoy consiguiendo un nivel espiritual bastante aceptable, porque me estoy dando cuenta que cada día hago milagros.

—Uy, ¡qué bueno! ¿Por qué no me cuentas el milagro que hiciste ayer?

—El más importante y el que te va a gustar es el que hice antes de ayer. Te cuento: a uno de mis mejores amigos le habían detectado un tumor en el pulmón y, para tenerlo más claro, le hicieron un PET. Antes de ayer, a las diez de la mañana, le daban el resultado de la prueba, donde con casi total seguridad el resultado iba a ser: tumor cancerígeno y con tumoración en otras partes del cuerpo o metástasis. Durante esa noche, me puse en contacto, muy especial, con mi Espíritu Santo y le advertí que se jugaba el prestigio si a mi amigo le daban malas noticias. Ayer hablé con mi amigo y estaba todo contento: el tumor no estaba claro que fuera maligno y nada de metástasis. Le harán otra prueba. La satisfacción y el alivio que noté en la conversación fue de película. Como te podrás imaginar, lo primero que hice fue ponerme en contacto con mi Espíritu Santo y decirle, casi con los ojos llorosos: «¡Eres cojonudo!, te quiero conmigo para siempre.

—Hermosa historia. Un día de estos quiero darme un paseo contigo, andando por el lago de Sanabria.

—Para hacer ese tipo de excursiones tendrás que buscar a otro milagrero.

Tenemos mucho miedo a sentirnos culpables. Siempre estamos intentando quitarnos la culpa. Explicamos las mil historias para que los demás entiendan que la culpa era del otro. Además de defendernos de nuestra culpabilidad, la otra cosa que hacemos es ocultar la culpa. No queremos reconocer nuestros errores. Por eso, nuestra gran equivocación está en ocultar al Espíritu Santo todo aquello que hemos hecho, dicho o pensado contrario a la voluntad de Dios. Lo que ocultamos al Espíritu Santo, este no lo puede sanar.

Un ejercicio práctico muy interesante para empezar a practicar la Expiación (con mayúscula) es tomar un cuaderno y anotar aquellas cosas que hicimos y que Dios no hubiese hecho o aquellas cosas que hemos hecho y de las cuales nos sentimos avergonzados. Si de verdad esto lo hacemos con responsabilidad, llenaremos el cuaderno.

Marta Salvat, maestra espiritual y muy comprometida con *Un curso de milagros,* nos enseña a través de un ejercicio práctico cómo debemos Expiar (con mayúscula) ante un conflicto determinado.

Lo primordial para resolver un conflicto es el perdón. Para deshacer un conflicto que afecta a muchas personas, por ejemplo, la guerra de Ucrania, hay que borrar este conflicto de todas las mentes involucradas. Recordemos que todos somos Uno, el Hijo.

Lo ideal es hacer el ejercicio de Expiación, juntos. Cuantos más seamos, mejor. Ya lo dice Jesús en el capítulo 18 del evangelio de san Mateo: «Donde haya dos o tres reunidos en mi nombre, yo estaré presente en medio de ellos».

A continuación, transcribimos parte del ejercicio de Expiación que realiza la maestra espiritual Marta Salvat para resolver el conflicto de la guerra de Ucrania:

Espíritu Santo, te ofrezco este instante para que me muestres qué es lo que debo reconocer, que no forma parte del amor, para que Tú lo puedas deshacer de todas nuestras mentes. Libéranos a todos y muéstranos la paz celestial que ya reside en nosotros y aún no reconocemos. Te entrego, Espíritu Santo, la idea equivocada de que estamos en guerra. Te entrego, Espíritu Santo, la culpa que siento porque en mi mente aún existe la guerra. Te entrego, Espíritu Santo, el miedo que tengo al futuro. Te entrego, Espíritu Santo, la idea equivocada de que somos insignificantes ante una guerra. Te entrego, Espíritu Santo, la culpa que siento de seguir juzgando y condenando. Te entrego, Espíritu Santo, la idea equivocada de que todo pasa por una guerra. Te entrego, Espíritu Santo, la idea equivocada de que la guerra lo va a solucionar todo. Te entrego, Espíritu Santo, la culpa que siento por seguir juzgando. Te entrego, Espíritu Santo, el miedo que tengo a la consecuencia de las armas. Te entrego, Espíritu Santo, el miedo que tengo a un mundo sin paz.

Mientras consideremos que la culpa es del otro, nunca se producirá el perdón. Somos responsables de todo lo que nos pasa, tanto si es bueno como si es malo.

El curso nos dice que «nosotros no podemos perdonar». Parece una contradicción, ya que nos habla constantemente del perdón. Sin embargo, es cierto: nosotros no podemos perdonar.

En realidad nuestro compromiso es «querer perdonar». El perdón se fundamenta en darnos cuenta de que, a nosotros, nadie nos puede hacer daño. Pueden herir nuestro cuerpo, nos pueden matar incluso, pero, como el Hijo de Dios que somos, nada de esto nos puede afectar.

Esta es la liberación real que nosotros debemos conseguir en esta vida. Seremos libres cuando lleguemos a ver todas las situaciones que se producen en nuestro entorno y a todos nuestros hermanos con los ojos del perdón. Lo único que nosotros debemos hacer es reconocer que estamos equivocados y querer perdonar.

—Una cosa, Juan, a mí no me cuesta reconocer que me he equivocado. Lo que me cuesta es decirle a otra persona que me equivoqué. Si insulto a alguien porque llega tarde a una cita, reconozco en seguida que no debía haberlo insultado, pero lo que me cuesta es ir a pedirle perdón por haberlo hecho.

—Muy buena tu reflexión. Lo importante es reconocer que te has equivocado y cuanto antes lo reconozcas, mejor. Ya no es necesario que vayas a la persona a decirle: «Perdóname». En tu reconocimiento está implícito el deseo de perdonar. Si, además, acudes al Espíritu Santo y le dices: «Te entrego, Espíritu Santo, el arrebato que tuve con mi hermano por llegar tarde», si haces esto, habrás Expiado el error que cometiste.

—Me gusta esta aclaración. Me quitas un peso de encima. Se lo cargo todo al Espíritu Santo y que arree, como si fuera un burro de carga.

—No es así exactamente, pero vas en la buena dirección.

—Y, ¿qué es lo que no es correcto?

—Que el Espíritu Santo no es un burro de carga.

—Como tú dices muchas veces, esa expresión es un símil.

—De acuerdo, pero tienes que profundizar un poco más en el conocimiento de quién es tu Espíritu Santo.

—Lo haré, Juan.

El ego es el primero que nos habla. Ante una situación de dolor, el ego la interpreta como una culpa, como un pecado. Si tenemos cosas que no hemos perdonado, el ego las interpreta como cosas que nos hacen sufrir. Debemos aprender a orar de la siguiente manera:

Espíritu Santo, yo quiero hacer todas las cosas con amor,
quiero ver a todas las personas de mi entorno como a mis hermanos

queridos y quiero estar dispuesto a ayudarlos en cualquier cosa que necesiten de mí.

Si nuestro hermano actúa desde el no amor, él será el que tendrá que corregir y Expiar. Nosotros no debemos juzgarlo.

Utilizar el perdón y la Expiación (con mayúscula), es la manera real de cambiar nuestro rumbo en la vida y, en la medida que más gente se vaya comprometiendo, también cambiará el rumbo del mundo.

Con una frase tan sencilla como esta, podemos cambiar el rumbo de la Historia: «Espíritu Santo, yo quiero perdonar». Para Expiar correctamente debemos seguir estos dos pasos: primero, reconocer el error, y segundo, entregárselo al Espíritu Santo.

Sanar nuestra mente es una fase importante en nuestro proceso evolutivo. Las preocupaciones y los temores los tenemos en nuestra mente. Si nos ejercitamos en liberar nuestra mente de tanta basura como vamos acumulando a lo largo de nuestra vida, nos daremos cuenta de que la mayor parte de los problemas no son problemas.

El curso, nos dice:

Lo que pongamos en manos del Espíritu Santo se va a solucionar.

Lo único que tenemos que hacer es entregarle a nuestro Espíritu Santo, nuestra situación de conflicto con toda nuestra voluntad, poniendo todo nuestro corazón en ello.

El capítulo 19 del curso dice:

Si una situación que entregamos al Espíritu Santo no se ha solucionado, será debido a la poca convicción con la que se la hemos entregado.

Si la entrega de un conflicto la hacemos con fe y sin miedo, el resultado es extraordinario.

Cada noche debemos tomar la costumbre de entregar al Espíritu Santo todos nuestros problemas, para que Él les dé solución y así tengamos el camino libre al despertar. El curso nos promete que, si entregamos los problemas al Espíritu Santo antes de acostarnos, Él nos ayudará a resolverlos durante el sueño para que no tengamos que sufrir sus consecuencias al día siguiente. Podemos saber a quién le hemos entregado nuestros problemas: al Espíritu Santo o al ego, dependiendo de la manera como nos despertamos.

Lo único que nos pide el Espíritu Santo es nuestra buena voluntad, que nosotros le demos permiso para que Él sane situaciones o cosas que estamos viviendo en ese momento.

Hay que aprender a caminar de la mano del Espíritu Santo.

Debemos enamorarnos locamente del Espíritu Santo. Es Él quien nos va a ayudar a despertar.

Adquirir la costumbre y el compromiso de perdonar todo es la mayor garantía para tener una vida en paz y ser feliz. Nuestra mente es, muchas veces, nuestro mayor enemigo. Nos hace cambiar el rumbo de nuestras acciones en sentido contrario al ser amoroso que realmente somos.

El Espíritu Santo salvaguarda, salva y guarda, cada momento de bondad que tenemos hacia otro de nuestros hermanos. Estos momentos se van acumulando en nuestro haber.

El ojo físico lo utilizamos, la mayoría de las veces, para ver el error y la culpa en el otro. Debemos acostumbrarnos a mirar por encima de lo que creemos que estamos viendo. Tenemos que ver todo con los ojos del Espíritu Santo. Nuestra aportación es ver cada situación de nuestra vida con otra mirada, con otros ojos: «Espíritu Santo, yo quiero ver todas las cosas con ojos amorosos».

—Bueno, Luis, ¿qué te ha parecido esta lección?

—Me ha gustado. La he comprendido mejor. Solo quiero que me confirmes algunas cosillas.

—¡Menos mal que te vas enterando de algo! Dime tus cosillas.

—No me ha quedado claro la diferencia entre expiación (con minúscula) y Expiación (con mayúscula). Siempre andamos con las putas letras.

—Muy importante tu duda. La expiación (con minúscula) es algo que tenemos que soportar, que no podemos evitar, es una consecuencia de la culpa que creemos tener y que se manifiesta en sufrimiento y dolor. En realidad, la culpa no existe, pero en nuestra mente errada sí que existe y es precisamente por eso por lo que sufrimos. ¿Cuál es la solución para no sufrir? Eliminar de nuestra mente errada el sentimiento de culpa. ¿Cómo podemos eliminar de nuestra mente errada el sentimiento de culpa? Pues por medio de la Expiación (con mayúscula). Y, ¿en qué consiste esta Expiación? Muy fácil: en poner en conocimiento de nuestro Espíritu Santo aquel pensamiento, deseo o acción que ha sido motivado por el no amor. Y, ¿qué nos exige el Espíritu Santo para que Él nos sane? Que reconozcamos nuestro error y se lo expongamos con nuestra mejor voluntad.

—Muy bien, ahora sí lo entiendo. Otra cosa: según lo que me acabas de explicar, yo deduzco que, si entrego al Espíritu Santo mis cosas no amorosas, ¿automáticamente se me quitan los dolores del cuerpo?

—No corras tanto, esto no es una pastilla de cortisona. Si tienes una pelea con un amigo, os liais a puñetazos y tú acabas con un ojo morado y el pómulo dolorido y, al acabar la pelea, te pones en contacto con tu Espíritu Santo y le dices: «Espíritu Santo, reconozco que he hecho mal en pelearme con mi amigo, lo pongo en tu conocimiento para que Tú corrijas este error y me liberes de la culpa». Y, como si tal cosa, te quedas esperando a que desaparezca el morado de tu ojo y el dolor de tu pómulo, esto no es así. Tú debes coger la costumbre de reconocer tus errores y de ofrecerlos a tu Espíritu Santo para que te libere de la culpa. De esta forma, iras notando un gran alivio en tu vida, pero esto puede llevarte un mes o toda una vida, según la sinceridad y voluntad que tú pongas.

—Sí, lo entiendo. Quiero hacerte una última consulta.

—Dime, Luis.

—Tengo la impresión de que el Espíritu Santo actúa como actúan los amigos en esta vida, quiero decir: cuando tienes un gran amigo colocado en un lugar importante, ese amigo te soluciona muchos problemas. Por eso pienso que el arte está en ser muy amigo del Espíritu Santo, porque como está en un lugar impor-tante, según ese grado de amistad se va a interesar más o menos.

—Algo de cierto hay en lo que dices, sí que influye el grado de confianza que tengas en el Espíritu Santo, esto es evidente, pero no es cierto que el Espíritu Santo haga chanchullos.

—Ja, ja, ja. ¡Todo clarito!

La relación santa

Las relaciones humanas son el eje fundamental de nuestra vida. Vivimos con dependencia total cuando nacemos; en la infancia no sabemos jugar solos; necesitamos amigos en nuestra juventud; montamos sociedades mercantiles; formamos una familia, y, cuando somos mayores, soñamos con que alguien nos escuche.

Establecemos relaciones con otras personas: familiares, de amistad, de trabajo, de amor… Estas relaciones, a lo largo de nuestra vida, se convierten en muchos casos en relaciones conflictivas.

Nuestra tendencia natural es a considerarnos superiores a todos nuestros hermanos: «Tengo estudios, la vida me ha enseñado mucho, estoy rodeado de ignorantes, ¿si no fuera por mí?».

Si a esta vanidad se le añade el consejo del ego («que nadie te controle, defiende tus intereses, si alguien te insulta, tú responde, no consientas que el otro tenga más razón que tú»), esta relación durará hasta la siega del tocino.

Partiendo de esta actitud tomamos la mayoría de nuestras decisiones. Las decisiones que tomamos con esta actitud siempre son equivocadas. Una vez tomada una decisión, nunca aceptamos la posibilidad de una marcha atrás. De esta manera, la pelota se hace cada vez más grande y, al final, acabamos acudiendo a terceros para deshacer el entuerto. Luego están las actitudes colectivas.

La actitud soberbia y arrogante de un colectivo es la causa principal de todos los conflictos bélicos. Una actitud colectiva solo se puede cambiar si cambia la actitud de cada uno de los individuos que componen ese colectivo.

A los políticos solo les interesa halagar el ego colectivo de la sociedad. La riegan de favores con el fin de controlar las voluntades de sus individuos.

—A ver, Juan, me has dicho que me hablarías hoy de las relaciones personales y me estás pegando un rollo de políticos y actitudes.

—Luis, tú que has sido agricultor sabes que, para hacer una buena siembra, hay que preparar antes la tierra. La tierra de una relación son los individuos. Éstos deben tener ojos amorosos para lograr una buena relación. ¿Cómo crees tú que van a poder establecer relaciones santas entre ellos?

—Dime, ¿qué es una relación santa?

—Una relación santa es un compromiso que nosotros establecemos con el Espíritu Santo y que se refiere a una persona.

—¡Vaya, qué lío! A veces me dices las cosas para que no las entienda.

—Te explico. Una relación santa siempre se establece con un hermano, pero el trato no lo haces con ese hermano, el trato lo haces, precisamente para que sea santa, con el Espíritu Santo. Te pongo un ejemplo: tú quieres comprarme una casa. El trato no lo haces directamente conmigo, el trato lo haces conmigo, pero en presencia de un notario. En el caso de la relación santa, el Espíritu Santo es el notario que da fe de que la relación entre tú y tu hermano es una relación santa. ¿Lo entiendes ahora?

—Sí, te entiendo; pero te pregunto: ¿puedo deshacerme de esa relación santa cuando note que ya no me conviene?

—No, Luis. La relación santa es para siempre. Nunca se puede deshacer, lo mismo que la casa siempre será tuya.

—Siempre será mía mientras no vuelva al mismo notario o a otro y la venda.

—Muy agudo, Luis. En este caso, el Espíritu Santo, es más serio que el notario: no te permite romper la relación santa que has establecido con tu hermano. Las relaciones santas son para toda la eternidad.

—Si es así, la comparación con el notario que me has puesto veo que no ha sido muy acertada.

—Nunca se puede comparar algo que ocurre en un sueño con lo que ocurre en la realidad. Se pueden parecer algo el sueño con la realidad, es lo que ocurre con lo que hace el notario y lo que hace el Espíritu Santo. Ten en cuenta que lo que firma el notario es finito, y lo que firma el Espíritu Santo es eterno.

—Vale, Juan, no te falta razón, pero me pierdo.

En el compromiso de una relación santa está la voluntad expresa, por parte de los individuos relacionados, de cumplir el propósito del Espíritu Santo. Dicho de otra manera, una relación santa no puede ser una sociedad mercantil. Hay dos cosas importantes que debemos matizar en esta definición de relación santa.

La primera es que el compromiso no es con la persona relacionada. El compromiso es con la persona relacionada, pero en presencia del Espíritu Santo. El que valida la relación santa es el Espíritu Santo.

La segunda es que dicho compromiso debe estar sujeto al propósito de Dios, del Padre. No se admiten propósitos espurios.

Frente a estas relaciones santas, están las «relaciones especiales de amor». Las relaciones especiales, como el enamoramiento, son las relaciones que nos ofrece el ego. En una relación especial de amor, hacemos un ídolo de la persona. Un ídolo que responde a nuestros deseos y caprichos. El ego nos muestra una persona que, previamente, él ha idealizado. Cuando este ídolo nos falla, entramos en un estado de pánico.

El curso nos avisa: «Los diamantes que veíamos son las lágrimas que vamos a soltar». Las relaciones especiales de amor son siempre relaciones de interés: algo hemos de obtener de esta relación. Cuando ya hemos conseguido nuestro plan, nos dedicamos a buscar otra relación. Esta es la forma de actuar del ego.

Una consecuencia dramática de estas relaciones especiales de amor es la culpa. El ego siempre echa la culpa al otro y cuando ya no puede seguir culpando al otro nos descarga la culpa a nosotros. Esta culpa que cae sobre nuestra conciencia, es la fuente del sufrimiento y del miedo que padecemos aquí. Sin embargo, las relaciones santas nos liberan de este sufrimiento y de este miedo.

Ahora te voy a comentar algo importante. Puede que te extrañe, pero así es como lo describe el curso: «Podemos tener varias relaciones santas a la vez».

Una relación santa no es un matrimonio. Un matrimonio puede tener fecha de caducidad, una relación santa es un compromiso para siempre.

Las relaciones santas no compiten entre sí, no producen celos. Amar a alguien en una relación santa es amarle al máximo. El compromiso de una relación santa, tiene dos exigencias.

- La primera: «Debemos ver en el otro solo lo bueno que hay en él». Esto es lo mismo que ver en el otro a Cristo.
- La segunda exigencia de este compromiso para una relación santa es: «Nosotros no debemos juzgar ni condenar a la otra persona».

Es evidente que tantas exigencias nos pueden volver locos y, por lo tanto, no encontramos ningún atractivo en establecer relaciones santas.

Nuestro ego se va a reír de este compromiso de una relación santa. Sin embargo, el Espíritu Santo se va a alegrar de la decisión que hemos tomado. Aquí se ve, claramente, que risa y alegría no tienen relación.

Cuando el Espíritu Santo acepta nuestro compromiso con Él, con respecto a uno o varios hermanos, ese compromiso queda sellado para siempre. Nada, ni nadie, van a romper esa relación santa. La relación santa es la única relación que nos va a dar satisfacciones. Dice el curso:

No podemos ni concebir la dicha que trae una relación santa.

Establecer el compromiso para una relación santa no es fácil, nos puede tomar toda una vida. Las exigencias son las que son, pero aquí, como en el súper, vienen las rebajas. Si tenemos el deseo de llegar a tener una relación santa con una persona en concreto, lo que tenemos que hacer es poner ese deseo en conocimiento del Espíritu Santo. El resto lo hará el Espíritu Santo.

El Espíritu Santo recibe este deseo y se encarga de todos los trámites para lograr que esa relación se convierta en santa. La relación santa queda salvada independientemente de lo que pase en la forma de la relación, ya que una relación santa no tiene nada que ver con el cuerpo. Ser pareja, no ser pareja, estar juntos, no estar juntos es totalmente independiente de tener una relación santa.

Puede haber personas que ni sepan que tienen una relación santa, pero tienen una cosa: se aman. En una relación santa no es necesario que la persona con la que vamos a establecer esta relación santa lo sepa, ya que la relación santa es un compromiso que hacemos con el Espíritu Santo, no con la persona.

Habrá momentos en una relación santa en que nosotros queramos romper este compromiso, incluso nos dirigiremos al Espíritu Santo dándole a entender que queremos dar por terminado este compromiso que tenemos con Él con respecto a esa persona. Pero ya es tarde, una relación santa no se puede romper. Es para siempre.

Una relación santa nos obliga a otro compromiso, además de los dos anteriores: nunca vamos a abandonar a nuestro hermano en su dolor o en sus miedos. Este nuevo compromiso nos puede llevar a sanar físicamente a una persona: se puede producir un milagro. Para ello solo necesitamos amar a esa persona y no tener miedos.

Llegados a este punto, no tenemos ni idea del potencial tan enorme que tiene este compromiso de una relación santa. Pensemos, por un momento, en alguien cercano a nosotros que se encuentra desesperado por una situación que se le viene encima. Nosotros nos acercamos a él y le decimos: «Relájate, estate tranquilo, que yo voy a poner toda mi energía en solucionar tu problema». Imaginemos por un momento: ¿cómo se va a sentir esa persona a la que le hemos dicho esto?

Las relaciones santas no le interesan al ego. No le interesa ver en el otro solo lo bueno que hay en él. El ego pierde protagonismo si le imponemos que no juzgue al otro. Nuestro ego siempre intentará convencernos de que no nos conviene una relación santa. Nos dirá que no pongamos nosotros todo, que el otro también ponga su parte. No debemos escuchar la voz del ego. Nuestro compromiso ha de ser total. Aunque el otro no colabore, nosotros estamos a muerte con nuestro hermano. Nunca dejemos al otro solo en su dolor.

Otro consejo del ego es: «Debemos intentar convencer al otro de que está equivocado». Si un marido es infiel a su mujer, el ego del marido intentará demostrar a la mujer que su percepción es falsa, que no hubo tal infidelidad. En este caso, la mujer lo tiene más difícil para mantener el compromiso de una relación santa, pero como la relación santa no tiene vuelta atrás, la mujer superará este momento con un coraje propio del guerrero y acudirá a un pensamiento salvador: «Mi hermano lo está pasando mal, yo debo ayudarle. Él está dominado por el ego, yo debo liberarlo».

Esta actitud de la mujer es la que salva esta situación. El Espíritu Santo percibe este esfuerzo y Él solito se encarga de operar el milagro y resolver positivamente este conflicto. El milagro lo hace el Espíritu Santo, utilizándonos a nosotros como medios.

Todavía hay otro gran motivo para establecer una relación santa: hacer feliz al otro. Este compromiso debemos hacerlo sin violar nuestros valores y nuestra integridad.

Si alguien nos propone: «No tengo dinero, ¿me ayudas a robar en un banco?». Nuestra respuesta debe ser: «Hermano, vamos a buscar otra forma de ganar dinero». Con este propósito, no abandonamos a nuestro hermano, pero tampoco actuamos en contra de nuestros valores.

Todas estas condiciones que nos impone una relación santa tienen una finalidad: conseguir la paz de Dios. El sentido real de nuestra existencia en este mundo es ser felices. La paz de Dios es el único estado que nos permite vivir felices.

Ser impecable significa que tomamos nuestras decisiones en función de si nos van o no a traer la paz. Si una decisión no nos traer paz, debemos rechazar esa decisión, aunque perdamos cosas materiales.

Todavía existe una meta superior, a la cual tenemos que llegar tras establecer una relación santa: darnos cuenta del ser que somos. Somos el Hijo de Dios. Somos cocreadores con el Padre. Esta es nuestra realidad. Por eso, la relación santa nos permitirá despertar de nuestro sueño.

La mejor manera de llegar al conocimiento de lo que somos es comprometernos en conseguir la paz.

Podemos pensar que lograr la paz es muy aburrido. Sin embargo, cuando estamos en paz, la risa y la felicidad son nuestra manera habitual de vivir.

Nosotros no podemos evitar querer ser felices. Nuestro Padre puso el júbilo en nuestro corazón. Desde esta postura de júbilo, vamos a lograr que, a nuestro alrededor, todas las personas sean felices.

Hay un método muy sencillo e ingenioso para lograr este objetivo: bendecir internamente a todas las personas que se cruzan con nosotros cuando salimos a caminar. Mentalmente, vamos repitiendo: «Yo te bendigo, hermano, y te deseo que seas feliz».

Mientras haya un solo ser humano de nuestra órbita que no haya logrado la felicidad y que esté en el dolor, no habremos dado el total sentido a nuestra vida. Nuestro objetivo ha de ser conseguir que todos los seres humanos de nuestro entorno y, por supuesto, nosotros seamos felices.

Este compromiso nos proporciona la manera más gratificante de vivir. Esto es así porque, recordémoslo una vez más, este compromiso lo hacemos con el Espíritu Santo no lo hacemos con ninguno de nuestros hermanos.

—Juan, si como tú dices, yo tengo una relación especial de amor, ¿la puedo convertir en una relación santa?

—Sí, pero te aclaro: para que tu relación especial se pueda convertir en una relación santa, lo primero que tienes que hacer es ofrecerla al Espíritu Santo; recuerda que el trato para una relación santa hay que hacerlo con Él, que es quien va a comprobar si esa relación especial reúne las condiciones para que se convierta en una relación santa. Tú ya sabes cuáles son esas condiciones porque te las estoy explicando aquí. ¿Estás animado, Luis, a establecer una relación santa con alguien?

—Sí.

—¡Noto, Luis, que estás muy enamorado de tu mujer!

Decisiones vigentes

Un buen día, el chamán don Juan le comunicó a Carlos Castañeda, su discípulo: «Voy a dejar de ser tu maestro». Llevaban varios años de relación. Carlos quedó consternado y le preguntó a don Juan: «¿Por qué quieres romper esta relación que tan provechosa ha sido para mí?»

Don Juan le dijo: «No vamos a poder continuar con esta relación de maestro-alumno porque tú, Carlos, tomaste una decisión que te impide avanzar en tu mejora personal».

Carlos le interrogó: «¿Qué decisión fue la que yo tomé?».

Don Juan le contestó: «Es algo que tú tienes que averiguar, pero mientras esa decisión este en vigor, tu avance personal no se va a producir».

«Pero, por favor, don Juan, deme alguna pista para que yo pueda corregir esa decisión», le contestó Carlos.

Don Juan le contesta: «Lo único que te puedo decir es que fue una decisión que tomaste de niño».

Carlos se quedó muy triste toda la noche intentando recordar cuál pudo ser la decisión que tomó de niño y que le impide ahora seguir con su maestro.

Le llevó toda la noche hasta que recordó algo que pudo ser la causa de esta situación. Resulta que, en el colegio, a la edad de 8 o 9 años, entre los barones de la escuela montaron un juego que consistía en formar dos grupos por sorteo: un grupo de dominantes y el otro de sumisos. Carlos recuerda que cayó en el grupo de los dominantes y le correspondió un niño sumiso.

Este niño le daba la comida y debía complacerle en todos sus caprichos. Como los niños del grupo dominante tenían total autoridad, lógicamente, abusaban de los niños sumisos.

A Carlos le vino a la memoria que un día al entrar en clase empujó una gran estantería de madera sobre el niñito que le servía. El niño, cuando vio que el mueble se le venía encima, quiso protegerse con su brazo, pero la estantería era tan pesada que le rompió el bracito. El niñito comenzó a llorar y lanzó una mirada angustiosa sobre Carlos. En ese momento, Carlos, se sintió culpable y tomó una decisión: «Nunca voy a triunfar en mi vida». Esa decisión, fue el castigo que se impuso a sí mismo, es decir, que le impuso su ego por la acción que acababa de hacer.

Así le fue ocurriendo durante mucho tiempo. Se esforzaba, ponía toda su voluntad en lograr un objetivo y, siempre, en el último momento, llegaba el fracaso. Se fueron sucediendo, a lo largo de la vida de Carlos una serie de acontecimientos que nunca terminaban bien para él: no acabó los estudios, no encontraba trabajo, no conseguía una novia a su medida…

Evidentemente, esto tenía un motivo. Un motivo parecido al que tiene mucha gente. Hay personas que se sienten desafortunadas, que han perdido la confianza en sí mismas, bien porque alguien les haya dicho que no van a servir para nada, o bien porque ellas mismas se hayan autodestruido.

—A ver, Juan, como decía un amigo: esto pudo ser cierto y no haber ocurrido. Y, aunque hubiese ocurrido, ¿cómo se justifica que aquello que pasó hace más de 30 años tenga hoy tales consecuencias?

—Luis, te explico: el ego es uno de los dos elementos que influye en nuestra mente en la toma de decisiones. Cuando nacemos, el ego está virgen, pero a medida que la persona se va desarrollando físicamente, su ego va adquiriendo información en función de los acontecimientos que se van sucediendo en la vida de esa persona. El ego no pierde detalle, todo lo archiva. Es precisamente esta información del ego la que impele a la mente. El ego es como un robot que está programado para hacernos la vida más fácil. Nos ordena lo que tenemos que hacer. El ego de Carlos archivó la información a partir de aquel pensamiento («nada útil podré hacer en la vida») y es esa información del ego la que le impide a Carlos lograr algo positivo en este mundo. Mientras Carlos no deshaga esa información del ego, va a estar muy limitado en su desarrollo personal. Don Juan captó que algo había en el ego de Carlos que le impedía mejorar su conducta. ¿Lo entiendes ahora?

—Entiendo lo que me acabas de explicar, pero no comprendo cómo el ego puede ser tan trascendente en nuestra conducta.

—Pues sí, amigo Luis, el ego es determinante en nuestro comportamiento. Te habrás dado cuenta de que cada persona tenemos nuestro propio patrón de comportamiento. Este patrón se va conformando desde el inicio de nuestra vida humana y depende de la educación que recibimos.

Es evidente, en el caso de Carlos, que aquella decisión que tomó seguía vigente en su vida.

Son decisiones vigentes todas aquellas decisiones que tomamos en el pasado y que, aún hoy día, nos afectan. También se consideran decisiones vigentes las que tomaron nuestros antepasados, incluidos hasta los de la cuarta generación.

Todos hemos tomado decisiones en nuestra infancia y juventud y en momentos de dolor que nos están afectando y mucho en la actualidad. Tomé una decisión cuando me abandonó la primera novia, de la cual estaba completamente enamorado: «Nunca seré amado». Me sentí decepcionado cuando me rechazaron en el trabajo para mi primer empleo y tomé la decisión: «No encontraré un trabajo digno».

Hemos tomado decisiones muy dramáticas en situaciones de dolor, incluso hasta hemos deseado la muerte. A estas decisiones que, nosotros o nuestros antepasados, tomamos o tomaron en el pasado, no les prestamos la atención que se merecen.

Muy pocas veces nos paramos a pensar la trascendencia que tiene el haber tomado ciertas decisiones en nuestra vida, por ejemplo, la decisión de abandonar los estudios, la decisión de romper relaciones con mi mejor amigo o una separación matrimonial. Estas decisiones, con toda seguridad, cambian para bien y, en mayor medida, para mal el rumbo de nuestra vida.

Todas las decisiones que tomamos en el pasado, las buenas y las equivocadas, perduran en el tiempo de manera inexorable. En la actualidad, seguimos tomando decisiones equivocadas y estas también perdurarán en el tiempo.

Por esta razón vamos a prestar especial atención a todas aquellas decisiones de nuestro pasado que, aparentemente, están olvidadas. Para prestar atención a aquellas decisiones, deberemos seguir el siguiente procedimiento: en primer lugar, tendremos que traer a nuestra mente el recuerdo de aquellas decisiones. Luego, deberemos catalogarlas en orden a su importancia. Por último, deberemos cancelarlas. La única manera, de cancelar nuestras decisiones pasadas y las de nuestros antepasados es entregarlas al Espíritu Santo para que sea Él el que las cancele.

«Te entrego, Espíritu Santo, la decisión equivocada de creer que nunca sería amado».

«Te entrego Espíritu Santo, la decisión equivocada de aceptar el sufrimiento, como pago de mi culpa».

Esta entrega es clave, pero, para ello y previamente, debemos poner todo nuestro esfuerzo en revivir aquellas decisiones. Como la mayoría de estas decisiones ya están en nuestro inconsciente y, por supuesto, no tenemos ni idea de las que tomaron nuestros antepasados, debemos utilizar una fórmula genérica: «Te entrego, Espíritu Santo, todas las decisiones equivocadas que no puedo traer a mi mente consciente y, también te entrego, todas las decisiones equivocadas que tomaron mis antepasados, hasta los de la cuarta generación, y que están influyendo negativamente en mi comportamiento actual».

Al hacer esta entrega con toda nuestra voluntad y sentimiento, el Espíritu Santo obrará el milagro de cancelar todas aquellas decisiones equivocadas que influyen negativamente en nuestro comportamiento. Esta es la mejor manera de Expiar nuestras decisiones vigentes. Sin embargo, no todas las decisiones vigentes tienen que ser negativas. Hay decisiones vigentes muy positivas.

Hace mes y medio asistí a las fiestas patronales de mi pueblo y me encontré con un amigo de la infancia. Recordando cosas de aquella época, me contó que, todavía hoy día, cada vez que oye el bandeo de las campanas siente una sensación de paz indescriptible. Me decía que eso se debe a que cuando era niño y acompañaba a su padre en las labores del campo, a las doce del mediodía, sonaban las campanas de la iglesia del pueblo, su padre se quitaba la boina y rezaba, con gran fervor, el ángelus (*Domini nuntiavit Mariae…*).

Sanar, nuestras decisiones equivocadas mediante la Expiación es la labor más importante que tenemos que realizar en esta vida. El curso nos dice:

Hay que sanar el pasado en el presente, para que se pueda proyectar el futuro desde un presente sanado.

Las decisiones que tomemos hoy estarán condicionadas por la sanación de nuestros errores pasados.

Dando una vuelta a la tuerca, nos fijamos en el ego y este siempre nos tienta con tener cosas, cada vez más cosas. Tener más placer, más fama, más dinero, más poder y que nuestros hermanos tengan menos que nosotros.

Si las decisiones que tomemos siguen los consejos del ego, permaneceremos estancados en nuestro proceso evolutivo espiritual. Solo las decisiones tomadas a instancias del consejo del Espíritu Santo, serán decisiones amorosas y de prosperidad espiritual.

El curso nos dice:

Toma las decisiones que te proporcionen paz.

También aquí la Expiación nos sirve: «Espíritu Santo, te entrego la decisión equivocada que tomé cuando, a los 21 años, abandoné mi relación con María por otra relación con Rosa, dejándome engañar por mi ego. Eso me quitó la paz».

Cuando abandonamos, atacamos o menospreciamos al otro estamos tomando decisiones equivocadas.

Cualquier decisión que tomemos, comienza con un pensamiento. Por esto es importante que nos detengamos un momento a analizar nuestros pensamientos antes de actuar. Para poder hacer correctamente este análisis, necesitamos estar en paz.

—A ver, Juan, en este razonamiento que me haces, veo una contradicción. Dices que debo tomar decisiones que me den paz y, al mismo tiempo, me dices que para tomar una decisión correcta debo estar en paz. Según lo que me dices, debo estar en paz para estar en paz.

—Tienes razón, Luis, no me he expresado bien. Te comento. En realidad, estoy hablando de dos paces distintas: la paz que obtenemos al sanar todas nuestras decisiones equivocadas es la paz absoluta, la paz en Dios, para que me entiendas, el cielo; y la paz que se requiere para poder Expiar con ciertas garantías es una paz mental, libre de conflictos, es decir, una paz de nuestra mente corpórea. Espero que ahora me entiendas mejor.

—Sí, te entiendo y comprendo la paz mental, pero no puedo comprender el alcance de la paz en Dios. Lo siento.

—Muy bien expresado, Luis, es lógico que no comprendas el alcance de la paz en Dios porque todavía no has logrado desprenderte de tu ego. Cuando solo dependas de tu Espíritu Santo, empezarás a comprender lo que es la paz en Dios.

—Gracias, Juan.

Para evitar que un pensamiento no amoroso se instale en nuestra mente, tenemos el recurso de entregárselo al Espíritu Santo.

> *Espíritu Santo, te entrego el pensamiento no amoroso que me incita a criticar lo que me ha hecho mi compañero Carlos.*
> *Espíritu Santo, te entrego el pensamiento no amoroso que quiere que traicione mi relación amorosa con Charo.*

Las decisiones que tomemos nunca han de ser favorables al ego. Los celos y la depresión son consecuencia de pensamientos no amorosos. Si hacemos la entrega de nuestros pensamientos no amorosos con total voluntad y con mucho amor, los resultados son inmediatos.

Después de la entrega, tendría que seguir la decisión de perdonar. Aunque nosotros no podemos perdonar, sí que podemos querer perdonar.

Nuestros pensamientos son una consecuencia de lo captado por nuestros sentidos corpóreos. Dicho de otra manera, lo que vemos no está en el otro, está en nuestra mente. Lo mismo que cuando vemos un jarrón verde, el verde no está en el jarrón. El verde está en nuestra mente y nosotros lo asignamos al jarrón.

Todo es una proyección de nuestra mente. Al corregir nuestra mente, lo que proyectemos desde ella nace de lo que realmente somos y como somos amor, solo podemos tener pensamientos amorosos.

La película *¿Y tú qué sabes?*, de William Arntz, nos plantea esta problemática: «¿Qué hay al otro lado de lo conocido? ¿De qué está hecho un pensamiento? ¿De qué se compone la realidad? Y lo que es aún más importante: ¿cómo cambia un pensamiento la naturaleza de la realidad?».

La física cuántica no solo nos explica el mundo material, sino que se adentra en el terreno de la espiritualidad. Si la observación afecta al resultado (experimento de la doble rendija), no somos meramente parte del universo, sino que participamos en él. Si los pensamientos son algo más que activaciones neuronales aleatorias, entonces la conciencia es algo más que un accidente anatómico.

Elegir la meta de poseer y tener es una mala elección, incluso por fuera de un camino espiritual. Únicamente cambiará nuestra vida cuando la meta sea conseguir la paz en Dios.

Rosa María Wynn nos ofrece una joya con su libro *El aprendiz impecable*. Ser impecable significa que no podemos pecar, nuestro ser es incapaz de ello.

Cuando comencemos a sanar nuestra mente tendremos una percepción más amorosa de las cosas que pasan en este mundo. En realidad, no cambian las cosas, cambia nuestra manera de verlas y de juzgarlas.

La sanación de la mente no es tarea muy complicada: primero debemos reconocer todo aquello de lo que nos sintamos culpables y, a continuación, entregárselo al Espíritu Santo.

Nosotros no sufrimos por lo que nos hacen nuestros hermanos, nuestro dolor es consecuencia de lo que nosotros hacemos a nuestros hermanos.

Cuando amamos de verdad, no podemos dejar de amar.

La responsabilidad

Somos responsables de todas las decisiones que tomamos y de todas las decisiones que hemos tomado. Esto no quiere decir que seamos culpables. No debemos confundir responsables con culpables.

Las decisiones que tomamos en algún momento de nuestra vida, incluso las decisiones que tomaron nuestros antepasados, nos condicionan de alguna manera en el momento presente. Todas las decisiones equivocadas anteriores han ido acumulando culpa en nosotros y esta culpa es la que en este instante nos condiciona.

La mayoría de las decisiones que hemos tomado han sido propuestas por nuestro ego. La traición que hizo Judas Iscariote a Jesús, fue propuesta por el ego de Judas. Esa traición no existió porque Jesús no se sintió traicionado.

Al Hijo de Dios, que es Jesús, no le puede traicionar nadie y, por tanto, a nosotros, que también somos Hijos de Dios, tampoco nos puede traicionar nadie. El concepto de traición lo tenemos en nuestra mente.

—Juan, buenos días. Has dicho que el concepto de traición lo tenemos en nuestra mente. Jesús, durante la cena, dijo a sus apóstoles: «Uno de vosotros me hará traición». Por lo tanto, Jesús tenía la traición en su mente, ¿cómo dices que no se sintió traicionado?

—Eres muy agudo, Luis, siempre le buscas los cinco pies al gato. Te explico: Jesús sabía, porque no era tonto, que alguien de los suyos lo iba a traicionar, pero Jesús no se sentía traicionado. Yo he dicho que para Jesús no existió la traición porque Él nunca se sintió traicionado.

—¡Ay, Juan! No te voy a hacer más preguntas, porque parece que yo soy el tonto y tú eres el listo.

—Por favor, no digas eso. Tu eres tan listo o más que yo, lo que pasa es que yo llevo más tiempo que tú estudiando este nuevo planteamiento espiritual.

No es lo mismo saberse traicionado que sentirse traicionado. Nuestro propósito debe ser liberar nuestra mente del sentimiento de traición. Para conseguir esta liberación tenemos una herramienta que nunca falla: el perdón. Todo lo que no perdonamos vuelve a manifestarse en nuestra vida.

Ser responsable quiere decir tomar conciencia y reconocer que, en nuestra mente, está vivo el sentimiento de traición.

Ser responsable significa aceptar que, en nuestra mente, todavía, reside la idea de que hemos sido traicionados.

Ser muy responsable equivale a vivir en paz. En realidad, solo hay dos actitudes que podemos tener ante cualquier situación que se produzca en nuestra vida: ser responsable o ser víctima. Ser víctima significa que interpretamos la ofensa y la traición como culpa del otro. Debemos ser responsables de todo lo que percibimos, de cómo lo percibimos y de cómo lo procesamos.

Por eso, lo siguiente que debemos hacer cuando ya somos responsables y hemos admitido que en nuestra mente persiste la idea de una traición es acudir a la Expiación: «Espíritu Santo, yo me siento traicionado, pero yo quiero liberarme de este sentimiento y quiero perdonar al que me traicionó».

Recordemos que nosotros no podemos perdonar, pero si podemos querer perdonar. Antes de querer perdonar una traición, debemos ser responsables de la misma. Que él o ella haya hecho una acción que nosotros interpretamos como traición es irrelevante. El curso nos dice: «A nosotros nadie nos puede matar, pueden destruir nuestro cuerpo, pero nadie nos puede hacer daño».

Entender esto es la manifestación del poderío y grandeza de sentirnos lo que realmente somos: el Hijo de Dios. Si una persona nos traiciona, esa persona no está en un estado amoroso, pero nosotros no la debemos juzgar. El ego no debe decidir cuál ha de ser mi reacción ante una situación aparentemente adversa para mí.

El baremo que podemos utilizar para conocer el nivel de nuestro estado espiritual es medir el grado de paz, que hay en nosotros. La paz y la felicidad van de la mano. Si una persona, hace algo que Dios no hubiese hecho, lo único que debemos hacer nosotros es perdonarlo.

El curso nos dice que una persona que actúa desde el no amor no merece castigo, solo corrección. La corrección no la hacemos nosotros, solo la puede hacer el Espíritu Santo.

Aquí encontramos uno de los grandes errores que cometemos: nos consideramos autorizados para corregir a los demás. Ante una traición, la primera respuesta va a proceder del ego. Por eso es conveniente dejar pasar un poquito de espacio-tiempo para que no se ejecute la respuesta inmediata del ego y, así, nuestra respuesta sea más amorosa.

Que no nos dominen pensamientos de rechazo al otro. Vivir en permanente estado de rechazo es vivir sin paz y eso es aceptar el sufrimiento y el dolor. Así nunca seremos felices.

Recordemos que todas las decisiones que tomamos están precedidas de un pensamiento. Cuando un pensamiento llega a nuestra mente, debemos analizarlo en función de la paz que nos produce. Si no nos produce paz, lo rechazamos. Si conseguimos rechazar un pensamiento no amoroso por tres veces, es muy probable que ya nunca nos venga ese pensamiento. A esto, el curso le dice «tener autoridad».

Un diabético pasa por delante de una pastelería y se fija en un pastel delicioso, lucha entre entrar o no, al final sigue caminando, pero cuando ya ha andado 10 metros, vuelve sobre sus pasos y de nuevo contempla el pastel que ahora está mucho más sabroso. Lucha entre entrar o no, al final sigue caminando y cuando ya ha andado 10 metros, vuelve sobre sus pasos. En esta ocasión ya no ve la pastelería, solo contempla el pastel, se relame los labios y lucha entre entrar o no. Aquí dejamos la historia, cada uno que la termine.

El perdón

«Padre, perdónalos porque no saben lo que hacen». Esta es una de las siete palabras que Jesucristo pronunció en la cruz mientras agonizaba.

Está muy clarito que el perdón que solicita Jesús le sale del corazón. Se encuentra en una situación extrema, cuando solicita el perdón, para sus verdugos. ¿Por qué Jesús pasa por este trance y se comporta de esta manera? ¿Cómo nos portamos nosotros ante situaciones, no tan extremas, de traición?

No voy a reproducir aquí las gruesas palabras con que acostumbramos a condenar a los que nos traicionan. Jesús, con sus palabras y con su ejemplo, nos está enseñando a perdonar.

Muchas veces, nuestras costumbres nos dicen que debemos perdonar, pero realizamos este perdón desde un estado de conflicto, únicamente por quedar bien o para apagar la voz de nuestro ego. Este perdón no es el bueno, no es un perdón verdadero. El perdón verdadero, debe salir del corazón.

Nos cuesta mucho perdonar una traición o un desamor. Vivimos en una dualidad permanente: malo, bueno; tristeza, alegría; amor, desamor; violencia, seguridad; enfermedad, salud; pobreza, abundancia. Interpretamos con la misma emoción una canción de amor que una de traición.

Esta dualidad nos provoca un estado de conflicto. Nuestro ego nos mantiene bloqueados en este estado. Mientras no nos perdonemos a nosotros mismos, o lo que es lo mismo, mientras no sanemos nuestra mente, o lo que es lo mismo, mientras no desbloqueemos el conflicto que tenemos, no podremos perdonar de corazón a nuestros hermanos.

Nos resistimos a perdonar porque todo lo que ocurre en nuestra vida lo interpretamos con la perspectiva del ego. Tenemos miedo a lo que nos pueda ocurrir en nuestro próximo futuro: una enfermedad, el pago de la renta, el abandono, el hijo que llega tarde a casa… En estos casos, solo nos queda una solución: perdonarnos. Perdonarnos significa liberarnos del miedo. Aunque parezca una contradicción, hay situaciones desagradables que son portadoras de un mensaje liberador.

Estoy preocupado porque con el dinero que me queda no puedo llegar al final de mes. En este momento llega el cartero a mi casa y me entrega un sobre, es una multa de tráfico de 200 €. Como se suele decir: «Éramos pocos y parió la abuela». Esta circunstancia adversa motiva en mí algo muy positivo: «Debo ahorrar cada mes un poquito, prescindiendo de lo no necesario, para cubrir emergencias».

Muchas de las personas que conviven en nuestro entorno, son portadoras de un mensaje de sanación.

Mi vecina Lucia, viene a mi casa a echarme en cara que por qué no limpio la escalera cuando me toca. Mi primera reacción es de cabreo, pero, en seguida, capto su mensaje y reconozco que debo prestar más atención a mis deberes comunitarios.

Cuando las personas de nuestro entorno nos interrogan por alguno de nuestros errores que estamos cometiendo, normalmente nos irrita y lo tomamos como una humillación en vez de interpretarlo como algo positivo.

Con la ayuda de los medios externos podremos conseguir lo más importante, que es perdonarnos a nosotros mismos, lo que significa desbloquear nuestra mente y, por lo tanto, lograr nuestro equilibrio interior. Es necesario tener paz y un equilibrio interior, para perdonar a nuestros hermanos de todo corazón.

Jesús, mientras agonizaba en la cruz, estaba en un estado de paz, por eso solicitaba el perdón para sus verdugos desde el corazón. Para entender bien el perdón de Jesús, debemos comprender un detalle superimportante que se da en Él: Jesús sabe quién es. Jesucristo sabe que es el Hijo de Dios, sabe que el Padre le ha encomendado una misión y es consciente de que la está cumpliendo a la perfección. Nosotros somos también el Hijo de Dios, pero en nuestro consciente no lo sabemos. Así pues, para perdonar, no nos basta con estar en paz, debemos conocernos y saber quiénes somos.

Está claro que nuestro nivel espiritual no es el mismo que el de Jesús. Es como si Jesús ya hubiese entrado en casa y nosotros estuviéramos en la puerta pidiendo entrar. Lo importante en esta historia para nosotros es que, si conseguimos la paz, tendremos la llave para entrar en casa.

La humildad

La humildad es reconocer lo que somos. Ni más ni menos. La lección 211 del libro de ejercicios de *Un curso de milagros* nos dice:

No soy un cuerpo, soy libre. Soy el Santo Hijo de Dios.

Nos sigue diciendo el libro:

En silencio y con verdadera humildad busco la gloria de Dios a fin de contemplarla en el Hijo que él creó como mi ser.

La humildad es aceptar lo que somos. Se trata de conocernos, de saber quiénes somos y qué no somos. El orgullo será justamente lo contrario, negar lo que somos. Cuando aceptamos desde el corazón que somos el Santo Hijo de Dios, estamos realizando un acto de humildad.

Esta aceptación la vamos a hacer por un instante, ya que un instante es lo único que tenemos (en este momento no tenemos ni el pasado ni el futuro). El instante no tiene ni principio ni fin. Es eterno. Cuando en un instante aceptamos con humildad lo que somos, ya está todo hecho. Nos hemos liberado. Nos hemos salvado. Hemos reconocido nuestra unión con Dios. Justamente aquí está la solución: en reconocer que somos el santo Hijo de Dios.

Nuestro problema viene de lejos. En el momento que el Padre crea al Hijo, este no se reconoce como tal y tiene un pensamiento de separación, se cree separado del Padre. En ese momento aparece el hijo (nosotros, la multitud), con su sueño. Por tanto, la solución pasa por el deseo de volver a casa, por desear fusionarse con el Padre. De alguna manera, aceptar que somos el santo Hijo de Dios es poner fin a lo que nunca ocurrió, que fue la separación.

Es interesante analizar por qué, aceptar lo que somos es un acto de humildad. Resulta que nosotros nos creímos separados, nuestro yo se creyó lo que no era, se montó una película. En realidad, ese fue un acto de orgullo. Reconocer lo que somos, es un acto de humildad. Humilde es el que se conforma con lo que tiene. ¿Qué más podemos desear, como el Hijo de Dios que somos, si ya lo tenemos todo?

—Juan, mi amigo Juan, ¿Qué pasaría si mañana voy al mercado con un letrero a mi espalda que diga: «Yo soy el Hijo de Dios»? Seguro que más de uno va a pensar: «Mira, otro más que está mal de la chaveta». El menos agresivo pensará: «¡Qué tío más chulo, le ha dado por mear alto!».

—Gracias por lo de amigo. Evidentemente que esas serían las expresiones más generosas. Por eso, te aconsejo que no vayas al mercado con ese letrero. No es esa la acción que debes tomar si realmente crees que eres el Hijo de Dios.

—Pero, es que yo no creo que sea el Hijo de Dios. Y si lo soy, alguien me tendrá que demostrar que lo soy.

—Juan, nadie te va a venir a demostrar que tú eres el Hijo de Dios. Eres tú el que te has de convencer de que eres el Hijo de Dios.

—Bien, para convencerme de eso tendré que hacer tres turnos en la iglesia, rezar cinco rosarios diarios y ducharme, cada mañana, con agua bendita.

—Juan, te estás pasando de la raya, o no entiendes nada o te haces el tonto. Tú eres el Hijo de Dios, lo entiendas o no lo entiendas, lo aceptes o no lo aceptes, te lo demuestren o no te lo demuestren. ¿Verdad que si uno es hombre o mujer, se le ve en la cara?

—¿Me quieres decir que se me ve en la cara que yo soy el Hijo de Dios?

—Yo sí, veo en tu cara que tú eres el Hijo de Dios, a pesar de la paliza que me estás dando. Habrá otros que no te verán así. Lo que somos, somos; no depende de nosotros. Lo que sí depende de nosotros es cómo vemos a lo demás. Por eso, Luis, no te preocupes tanto por saber si eres o no el Hijo de Dios, aprende a mirar todo lo que te rodea con otros ojos. Esto sí que lo puedes hacer porque depende de ti. Lo demás se te dará por añadidura.

—Bueno, Juan, como tú siempre tienes razón, yo, a callar.

Hemos de reconocer que tenemos muchas dudas. ¿Cómo puedo ser yo el Hijo de Dios? Yo no siento nada especial al hacer esta aceptación. ¿Quién es Dios?

El orgullo consiste en dudar de lo que somos. El Padre, al crearnos, nos da todo y nosotros creemos que nos falta algo y, además, creemos que podemos conseguir lo que nos falta por nuestros medios, esto es orgullo.

Queremos vivir en un mundo que nosotros hemos creado con el objetivo de vivir separados de Dios. No necesitamos a Dios. Es como si quisiéramos ser autónomos, es decir, valernos por nosotros mismos.

Esta manera de pensar y de vivir es la que nos trae el sufrimiento. Sufrimos porque no queremos reconocer lo que somos.

El sufrimiento, es creer que estoy solo y que nadie me ama. Voy por ahí, mendigando algo de cariño. En realidad, cuando me refiero a nadie, estoy negando la presencia viva de Dios en mí: con la que soy, en la que soy y la que me da el ser que soy. La presencia que me atiende y que me da todo de manera permanente, en todos los instantes de mi vida.

Para ser humilde, debo sentirme el amado Hijo de Dios, el abundante Hijo de Dios, el eterno Hijo de Dios y el todopoderoso Hijo de Dios. Para conseguir la humildad, debo utilizar instantes de mi día a día para reconocer lo que soy y debo repetir frecuentemente y mejor en voz alta: «Yo soy el santo Hijo de Dios».

Lo que parece un sueño o una utopía es una realidad que puedo empezar a captar desde una actitud humilde. La realidad supera a la ficción.

Para lograr el conocimiento de lo que somos, debemos realizar, como dice el curso, un entrenamiento mental. Hay que tener en cuenta que nuestra mente lleva toda la vida entrenada para pensar en la separación. Por eso ahora debemos empezar a entrenarla, a pensar en la unión que somos con el Padre. Para conseguir este nuevo hábito de pensamiento, debemos insistir frecuentemente: «Yo soy el santo Hijo de Dios».

Los hábitos se construyen a base de repetir la misma acción muchas veces, hasta que hacemos la cosa de forma automática, es decir, sin pensar. En nuestra mente ocurrirá lo mismo. Vamos a adquirir el hábito de pensar en la Unidad, repitiendo muchas veces esta idea: «Somos el Hijo santo de Dios».

Debemos habituarnos a aceptar la verdad de nuestro ser. Lo bueno que tiene la verdad es que es verdad. La verdad no la genera nuestra mente. La verdad es. La verdad de nuestro ser no es algo imaginario.

Realicemos el siguiente ejercicio todas las veces que podamos a lo largo del día: dejamos descansar la mente, miramos al infinito, sin fijarnos en nada, repetimos para nuestros adentros: «Soy el santo Hijo de Dios». En este estado, repetimos hasta diez veces esta frase. En los primeros días no notaremos nada especial, pero si continuamos haciendo este ejercicio, pronto tendremos la sensación de que nos gusta repetir esta frase, hasta nos veremos con la energía de repetirla en voz alta. Haciendo este ejercicio habitualmente y con ganas, te estarás convirtiendo, sin darte cuenta, en un ser de luz.

Este ejercicio junto con los ejercicios de la Expiación son los que van a moldear nuestra mente. Iremos adquiriendo una nueva visión del mundo y todas nuestras acciones serán más amorosas.

Volviendo a la idea de la humildad: esta es un regalo, es reconocer nuestra abundancia total y para siempre. No dejemos de aceptar desde la humildad: «Soy el santo Hijo de Dios».

Practiquemos esta aceptación sin forzar nuestra mente. De forma reposada y tranquila. El conocimiento de lo que somos será una consecuencia de nuestra voluntad, pero, sobre todo, de la acción del Espíritu Santo. Debo repetir muchas veces, con gozo y en paz: «Sé que soy el santo Hijo de Dios».

La paz y el conocimiento

La paz, en general, es un estado de bienestar, de tranquilidad, de estabilidad y seguridad y tiene una connotación positiva. Es un estado de armonía que está libre de conflictos y contratiempos.

Hilando más fino, llegamos al concepto de paz interior. La paz interior está relacionada directamente con la mente y con el espíritu. Podríamos decir que es un estado mental. Este estado provoca un equilibrio emocional y espiritual.

Estar en paz se considera altamente saludable y suele asociarse con la felicidad. La paz interior, la serenidad y la calma son expresiones de libertad. Esta paz supone el control sobre el ego.

En muchas culturas, la paz interior está asociada a un estado de conciencia que puede ser cultivado y ejercitado con la meditación o la oración. El taichí o el yoga son ejemplos de esto.

La paz interior o *Shanti* está muy asociada a tradiciones budistas e hinduistas. Tanto es así que Tenzin Gyatso, el XIV Dalái Lama, otorga gran importancia a la paz interior en el mundo:

La cuestión de la paz real en el mundo concierne a los seres humanos, los sentimientos forman parte de un estado de paz. A través de la paz interior se puede conseguir la paz exterior. Por esto es importante la responsabilidad individual. Una atmósfera de paz debe crearse primero en nosotros, después expandirse gradualmente hacia nuestras familias, amigos, comunidad y así hasta llegar al mundo entero.

Al hablar de paz, todavía podemos acceder a un nivel superior: la paz en Dios. El curso nos dice:

No podremos conseguir una auténtica paz hasta que no tomemos conciencia de nuestra verdadera esencia: el Santo Hijo de Dios que somos.

Solo el conocimiento de nuestra esencia nos proporcionará la paz en Dios. El curso, en el libro de ejercicios, lección 200, nos dice:

Deja de buscar. No hallarás otra paz que la de Dios. Acepta este hecho y te evitarás la agonía de sufrir amargos desengaños o de verte invadido por una sombría desesperación. No hay más paz que la de Dios.

Sin embargo, no podremos conseguir el Conocimiento mientras no logremos un estado de paz.

—Juan, en el capítulo «Decisiones vigentes», me has hablado de los dos tipos de paz que hay: la paz interior y la paz de Dios. En aquel caso, necesitábamos la paz interior para Expiar con garantía y, así, mediante la Expiación, conseguir sanar todas nuestras decisiones y, por lo tanto, lograr la paz de Dios. ¿Ahora cuál es la situación?

—Muy parecida, Luis, por no decir idéntica: para conseguir el Conocimiento, necesitamos la paz interior y el Conocimiento nos proporciona la paz de Dios.

—Por lo que me dices, Juan, la paz interior la necesitamos para todo: para Expiar y para adquirir el Conocimiento.

—Así es, Luis, todo progreso en el mundo espiritual pasa por conseguir, previamente, un estado de paz interior. Este es nuestro trabajo. Y esto lo vamos a lograr si somos generosos a la hora de perdonar (perdón, de querer perdonar).

—Según lo que me acabas de explicar, el proceso será: conseguir la paz interior para lograr el Conocimiento (con mayúscula) y, una vez que hayamos conseguido el Conocimiento (con mayúscula), conseguiremos la otra paz, que es la paz de Dios. ¿Es así?

—Correcto. Fíjate si es correcto que ya dudo de si soy yo el maestro o eres tú.

—No corras tanto, Juan, que lo mío me está costando asimilar tantas cosas. Te tengo a ti y, por eso, parece que soy más listo.

—De acuerdo, Luis, pero vas progresando mucho.

Llegados a este punto, es importante que entendamos una cosa: nosotros ya somos poseedores del Conocimiento (con mayúscula) porque somos el santo Hijo de Dios. Lo que ha ocurrido es que, al creernos separados del Padre, nos hemos olvidado de quienes somos. Por lo tanto, no se trata de adquirir el Conocimiento (con mayúscula), se trata, únicamente, de restituirlo.

Restituir el Conocimiento (con mayúscula) supone poner en valor varios conceptos que explicamos a continuación.

Nos creemos separados de Dios, esto significa que no aceptamos la voluntad del Padre cuando este nos creó. Como somos todopoderosos, hemos creado nuestro propio conocimiento (con minúscula) con nuestra propia voluntad, distinta a la del Padre.

Este conocimiento (con minúscula) que hemos creado es el mundo de ilusión en que vivimos. Estamos tan anclados en las condiciones y leyes que nosotros mismos hemos creado que no sabemos cómo retornar al Conocimiento (con mayúscula).

Ante este panorama tenemos muy complicado restituir el Conocimiento. La teoría nos lo pone muy fácil: conseguir la paz interior. Es sencillo decirlo, pero es difícil llevarlo a la práctica. Tenemos al ego totalmente arraigado en nuestra mente y el ambiente que nos rodea es de incredulidad a todo lo que huele a misticismo. Es prácticamente imposible llegar al Conocimiento por nuestros propios medios.

La mayoría de las personas, no se plantean la idea del Conocimiento. ¿Para qué quiero yo ese Conocimiento, si tengo bastante con mi conocimiento (con minúscula)?

Tiene que haber estímulos para aquellos que deseen emprender el camino espiritual, para aquellos que deseen llegar al Conocimiento y dejar en el camino su conocimiento. El Padre sabe esta situación y, por eso, intenta cebarnos con regalos espirituales: la paz interior, el Espíritu Santo y, desde hace unos pocos años, con el libro revelado *Un curso de milagros*. Si me apuras, también con este libro, *El despertar espiritual*.

Cuando de verdad decidimos emprender el camino espiritual, quien más falta nos va a hacer es el Espíritu Santo. Cogidos de su mano andaremos, al principio por un camino áspero y pedregoso, pero andaremos seguros porque su mano es muy fuerte.

Iremos soltando amarras, escucharemos cada vez menos la voz del ego, iremos encontrando en este camino a otros hermanos que nos irán demostrando lo mucho que nos quieren. Esto nos dará cada vez más ánimo para seguir adelante. No caminamos solos, cada vez somos más. Nos desprenderemos de la culpa, sanaremos nuestra mente y cada vez notaremos más que estamos logrando la paz. De la mano del Espíritu Santo sí podremos restituir el Conocimiento.

Tenemos a nuestra disposición a muchos y buenos maestros que nos van a ayudar a dar los primeros pasos. Luego, el libro *Un curso de milagros* nos servirá de gran ayuda, pero la pieza clave será siempre el Espíritu Santo, que estará a nuestra disposición total.

El Espíritu Santo no nos va a cobrar nada y nos va a dar más de lo que ahora mismo podemos imaginar.

Recordemos que se trata de volver a casa. Si dejamos de desear lo que el ego nos propone y liberamos nuestra mente de las ilusiones de este mundo, empezaremos a sentir cosas hermosas y estos sentimientos nos estarán indicando que algo está cambiando en nuestra vida.

Practicando de esta manera, lograremos un estado de paz interior y, a partir de aquí, llegaremos al Conocimiento y, por fin, a la meta que es: la paz de Dios o la paz en Dios.

Una manera de avanzar más rápido en este camino espiritual será dejar de desear las ilusiones. El deseo de las ilusiones de este mundo que nos trae el ego, nos produce, generalmente, una pérdida de paz.

Aparece un concepto fundamental: el deseo. Para restituir el Conocimiento debemos desear cambiar el rumbo, dejar el camino de las ilusiones y prestar más atención a la voz del Espíritu Santo. Para restituir el Conocimiento tenemos que renunciar a todo lo que creíamos saber. Esto requiere un acto de humildad.

A continuación, te propongo que realices el siguiente ejercicio:

«¿Podría haber paz en lugar del temor que me produce el conocer el resultado del análisis médico que me hice esta mañana?».

«¿Podría haber paz en lugar de la angustia que me produce el saber que me han despedido de mi trabajo?».

«¿Podría haber paz en lugar de la rabia que tengo por la traición que me ha hecho Carlos, mi mejor amigo?».

«¿Podría haber paz en lugar de la desolación que tengo por el abandono definitivo de mi novia?»

Si nos resulta muy difícil reconocer alguna de estas situaciones, podremos utilizar esta frase de forma genérica:

«¿Podría haber paz en lugar de esto que me está pasando?» (le explico al Espíritu Santo lo que me está pasando).

Debemos recurrir a esta técnica todas las veces que notemos que nuestra paz interior está amenazada. Deberemos repetir estas expresiones hasta que notemos una sensación de alivio. Como ayuda, nos puede servir el decirnos a nosotros mismos lo siguiente:

«¿Puedo sustituir mis sentimientos de depresión, ansiedad o preocupación por paz?»

«¿Puedo sustituir mis sentimientos de tristeza, de rabia, de ira, de preocupación por tal enfermedad por paz?»

Al principio, hacer este tipo de ejercicio nos puede parecer inútil, pero si no desistimos y ponemos voluntad en ello, pronto notaremos que algo positivo está ocurriendo en nuestro interior. Como poco, habremos logrado, por un instante, que nuestra mente no se sienta tan estresada.

Y dando un paso más, nos decimos a nosotros mismos:

«¿Y si hay paz en lugar de esto? Quiero sentirla. Deseo la paz. Me la merezco».

Realizando este ejercicio varias veces, iremos notando cómo vamos sustituyendo los sentimientos de temor, de ansiedad, de ira, de preocupación y de miedo por sentimientos de paz.

Solo si aceptamos las leyes que emanan de la voluntad del Padre y abandonamos las leyes que emanan de nuestra voluntad, estaremos en el camino correcto para restituir el Conocimiento.

Vamos a escuchar, simultáneamente, dos voces: la voz del ego y la voz del Espíritu Santo. La primera, intentando que sigamos al mundo de las ilusiones; la segunda, tratando de llevarnos al Conocimiento.

Te propongo un ejemplo donde se puede apreciar con claridad cómo coexisten en nuestra mente las dos tendencias, el ego y el Espíritu Santo, y la trascendencia que tiene para nosotros el hacer caso a uno o a otro

Me bajo del coche y una persona desconocida me grita en aparente ademán ofensivo. En ese momento, el ego se siente atacado y quiere atacar. El consejo del ego es: «Grita tú también». El Espíritu Santo, sin embargo, nos va a recordar: «Esa persona que te ha gritado es tu hermano». Nuestro ego coloca al otro una máscara con la cual quiere que lo veamos. Nuestro Espíritu Santo nos intenta recordar lo que hay más allá de esa máscara. Nos indica que esa persona que nos ha gritado es nuestro hermano, que él y yo somos el mismo ser con distinto cuerpo.

Siguiendo con la historia.

La persona que me gritó se me acerca y me dice: «Perdone, señor, al bajarse del coche, se le cayó la cartera». En ese instante, reconozco que mi ego me ha mostrado una máscara equivocada del otro. Y, ¿qué hubiera pasado si el ego del otro le hubiera mostrado mi máscara de enfado? El dolor y el sufrimiento se habrían apoderado de mí: adiós cartera, con todo lo que ello significaba. El otro seguro que vio el mal gesto mío, pero la voz de su Espíritu le hizo ver más allá de la máscara.

Este ejemplo me lleva a hacer la siguiente reflexión: no debo atacar siguiendo el primer impulso, es mejor dejar pasar un poco de tiempo. De esta sencilla manera nos ahorraremos más de un sufrimiento y dolor. Siempre, ante el primer pensamiento que llega a mi mente, debo darme un instante de reflexión para evaluar cuál va a ser mi decisión: si escucho la voz del ego o si escucho la voz del Espíritu Santo. Como nos dice el curso: «Según el resultado, podremos deducir si la decisión que tomamos fue la buena o la mala».

—Juan, hay una pregunta que te he querido hacer desde hace tiempo y no me he atrevido nunca. Es una pregunta muy personal, pero que tiene gran interés para mí.

—Puedes hacérmela, Luis, con toda confianza; sabes que nada que provenga de ti me molesta.

—¿Cuál es la razón o el motivo que te llevó a emprender este camino espiritual?

—La verdad que es un tema muy personal, pero te lo voy a contar: tenía yo los 55 años, una vida económicamente cómoda, una familia numerosa bien formada, la vida me había sonreído en todos los sentidos, mi ego estaba satisfecho. Realmente ya había hecho todo en la vida: había escrito un libro, había plantado un árbol y había tenido un hijo, pero, en ese momento de mi vida, empecé a sentir un vacío existencial profundo. Era como si en mi vida, que con tanta intensidad había vivido, no hubiera hecho nada. Todo se derrumbaba, nada me interesaba ya, era como un desplome de mi personalidad. «¿Para qué he nacido?» me preguntaba. En esta situación busqué ayuda y, en parte, la encontré. Empecé a leer un libro recomendado. No era un libro que tratara de temas religiosos ni espirituales, pero sí que me impactaron algunas cosas de las que iba leyendo. Una que recuerdo, decía: «Vive el presente, no recuerdes el pasado ni sueñes con el futuro». El libro y, sobre todo, las charlas con el *coach* (como se dice ahora) lograron tranquilizarme. Cambié el rumbo de mi vida y empecé a vivir de nuevo: es como si hubiera nacido otra vez. Retomé vivencias de mi niñez y juventud que fueron muy religiosas y, poco a poco, fui recobrando el entusiasmo por vivir. Me lancé a aventuras nuevas con un soporte fiable, me sentía importante y seguro, me agarré a quien hoy es mi Espíritu Santo y con quien ya había tenido buenas relaciones en mi juventud. Tropecé hace tres años y medio con el libro *Un curso de milagros* y otros buenos libros y aquí me tienes.

—¡Qué interesante!

—La verdad es que ahora mi vida tiene sentido, no creo en Dios porque vivo con Él y mi Espíritu Santo es la muleta que me sirve para todo, no tengo enemigos y procuro ayudar a todos los que puedo. Hago milagros de vez en cuando y pido a mi Espíritu Santo que el día de mi muerte sea el día más feliz de mi vida. Espero que, en otro encuentro que tengamos, tú me digas también cuál es el motivo por el que sigues mis explicaciones.

—Así lo haré, Juan, y un montón de gracias por todo lo que me has contado.

El deseo

El deseo es el motor de nuestro comportamiento. En desear una cosa o desear la contraria está la clave de nuestras decisiones. El deseo, aunque lo parezca, no es un patrimonio del ego. Puede ser fruto del conocimiento (con minúscula), pero también del Conocimiento (con mayúscula).

Para entender estas tres formas de deseo, lo mejor será describir tres situaciones:

— Me encuentro en la terraza de un bar con una antigua amiga de la que estuve enamorado. Ella está ahora más bella que nunca. Nos saludamos muy cortésmente y comenzamos a contarnos pequeñas historias. Ella se desahoga y me dice: «Te he echado mucho de menos». Me mira como queriendo romper el aire que nos separa. Yo noto que algo en mí se está moviendo. Subo el tono y la tomo de la mano. En ese instante, llega su amiga con la que había quedado en la terraza del bar. Un deseo frustrado.

— Cae en mis manos una revista especializada en coches de alta gama. En la tercera página me muestra el Lamborghini Sian, que representa un puente entre el pasado y el futuro de la firma italiana. Por un lado, posee el gran V12 de aspiración natural, mientras que, por el otro, tiene unos condensadores que lo convierten en el primer vehículo electrificado en la historia de la marca. El resultado son

819 CV y 720 Nm de par, que le permiten acelerar de 0 a 100 km/h en menos de 2,8 segundos. Solo se fabricarán 63 unidades, a un módico precio de 2,9 millones de euros cada unidad. Un deseo imposible.

— Estoy tumbado en un acantilado de la costa brava. Son las ocho de la tarde de un día del mes de junio. Aún queda sol en el horizonte y brisas en mi cara. Saco una pequeña Biblia que llevo en el bolsillo y me dispongo a escuchar el mensaje de mi Padre y Creador: «Mirad los pájaros del cielo: ellos no siembran ni cosechan, ni acumulan en graneros, y, sin embargo, vuestro Padre celestial los alimenta. ¿No valéis vosotros acaso más que ellos?». «¿Quién de vosotros, por mucho que se preocupe, puede añadir un solo instante al tiempo de su vida?». «¿Y por qué os inquietáis por el vestido? Mirad los lirios del campo, cómo crecen y no se fatigan ni hilan». «Yo os aseguro que ni Salomón, en el esplendor de su gloria, se vistió como uno de ellos». «Si Dios viste así la hierba de los campos, que hoy existe y mañana será echada al fuego, ¡cuánto más hará por vosotros, hombres de poca fe!». «No os inquietéis entonces, diciendo:"¿Qué comeremos, qué beberemos, o con qué nos vestiremos?"». «Son los gentiles los que se afanan por estas cosas. El Padre que está en el cielo sabe bien lo que vosotros necesitáis». «Buscad primero el Reino y su justicia, y todo lo demás se os dará por añadidura». «No os preocupéis por el día de mañana, el mañana se preocupará de sí mismo. A cada día le basta con su inquietud». Un deseo eterno.

Frente a un deseo frustrado, frente a una infinidad de deseos imposibles tenemos a nuestro alcance un deseo eterno que nos ofrece todo: abundancia, amor y gozo.

La ley del espejo

Goethe, autor de *Fausto*, tiene una frase demoledora: «Jamás he escuchado hablar de un crimen que yo no sea capaz de cometer».

Y como dice Connie Zweig en el prólogo del libro *Encuentro con la sombra*, de Carl Jung: «Recordé haber leído en algún lugar la historia de aquel juez que, poco antes de condenar a muerte a un asesino, reconoció en los ojos del condenado sus propios impulsos criminales».

No conocemos lo que hay en nuestra mente inconsciente, pero sí podemos ir descubriendo su contenido poco a poco si observamos con atención el impacto que nos produce todo aquello que ocurre en nuestro entorno.

La ley del espejo es la herramienta ideal para conocer nuestro interior más profundo, es decir, lo que hay en nuestra mente inconsciente. Antes de estudiar la ley del espejo, debemos analizar la composición de nuestra mente.

Podemos representar nuestra mente utilizando como analogía, un iceberg. La parte exterior del mismo equivaldría a nuestra mente consciente, esto sería la octava parte del total. El resto, o sea, las siete octavas partes, representaría a la parte no consciente de nuestra mente.

En la parte consciente de nuestra mente guardamos todas aquellas cosas, ideas y experiencias que recordamos con facilidad. Es la parte de nuestra mente que nos permite recordar y razonar, mientras que en la parte no consciente se encuentran todas aquellas cosas que son nuestras, pero que no recordamos.

Dentro de la mente no consciente, existen dos niveles de profundidad: el subconsciente y el inconsciente.

El subconsciente es la parte más superficial de la mente no consciente.

El inconsciente es la parte más profunda e inaccesible de nuestra mente no consciente.

Según los últimos estudios, la parte consciente de nuestra mente es, solo el 4 % del total de la misma; el resto, o sea, el 96 % lo ocupa nuestra mente no consciente, repartida entre nuestro subconsciente y nuestro inconsciente. Con el 4 % de nuestra mente consciente es imposible llegar a conocer lo que hay en nuestra mente no consciente.

Nuestro propósito, sin embargo, ha de ser aumentar ese 4 % de mente consciente a cambio de reducir el 96 % de mente no consciente. Todo lo que observamos en nuestro exterior existe porque hay una causa que lo provoca y esa causa está en nuestra mente inconsciente.

—Juan, una consulta: ¿Nostradamus y el conde de Saint Germain tienen algo que ver con esto que cuentas de que en la mente inconsciente están todas las cosas que van a ocurrir?

—Hola, Luis. Esos personajes son más leyenda que realidad. Tú sabes que de vez en cuando necesitamos ídolos, y si no los hay, los fabricamos. De todas maneras, yo no he dicho que en la mente inconsciente esté todo lo que va a ocurrir, he dicho que en la mente inconsciente está la causa de lo que ocurre.

—Vale, Juan. Solo era un comentario.

Descubrir lo que hay en nuestra mente no consciente, disminuye el impacto que el exterior produce en nuestra vida cotidiana.

Si nada de lo que ocurre en nuestro exterior ocurriera, esto significaría que habría desaparecido por completo la causa que lo produce y, como consecuencia, no existiría nada en nuestra mente no consciente.

No está claro dónde se encuentra el límite entre el subconsciente y el inconsciente. Dicho de otro modo: ¿qué cosas están en mi subconsciente y qué cosas están en mi inconsciente?

Lo real es que tanto lo que está en nuestro subconsciente como lo que está en nuestro inconsciente nos pertenece, es nuestro. El tiempo y la intensidad son los dos factores que determinan el lugar donde se encuentran nuestros recuerdos.

Si hace mucho tiempo (en nuestra infancia, por ejemplo), que ocurrió algo en nuestra vida, ese acontecimiento estará en el inconsciente. Si algo que ocurrió en nuestra vida nos produjo un gran impacto, también habrá pasado a nuestra mente inconsciente.

Sin embargo, aquellos acontecimientos que no nos produjeron gran impacto en su momento, su recuerdo pasa a la mente subconsciente. Pongamos unos ejemplos:

Me encuentro con un amigo que hacía diez años que no veía. Nos ponemos a charlar y él me recuerda aquel día que fuimos a coger cangrejos al río. Teníamos los reteles llenos y, de repente, apareció el guarda. Nos pilló con la mitad de los animalitos que no daban el tamaño. Nos reprimió amablemente y nos hizo devolverlos al río. Seguimos pescando.

Yo nunca más había pensado en este episodio. Fue un recuerdo agradable que estaba en mi subconsciente.

Otro caso:

En la zona norte de España hay mucha gente jubilada que no quiere saber nada de volver a vivir en un pueblo. Sin embargo, matrimonios jóvenes están ocupando muchos de los pueblos abandonados de la zona media de Navarra.

A este fenómeno, un tanto curioso, le podríamos encontrar la siguiente explicación: en el entorno a los años cuarenta del siglo pasado, existía la costumbre de asustar a los niños que habían nacido en estos pueblos, contándoles historias sanguinarias del hombre del saco, del sacamantecas y de los maquis. Todo esto creó mucho miedo en esos niños: no querían vivir en el pueblo, querían ir a vivir a la ciudad. Este fuerte rechazo a vivir en un pueblo, envió esos recuerdos a la parte inconsciente de la mente. Por este motivo, personas mayores, inconscientemente, tienen rechazo a volver a vivir en un pueblo.

También hay cosas en el inconsciente que responden a lo que hemos vivido en otras vidas. Hemos vivido otras vidas en el mundo físico y seguiremos viviendo más vidas. Todo esto ocurre y ocurrirá como proyecto evolutivo hasta que logremos la integración plena con el ser que somos. El fenómeno de la reencarnación puede ser un tema polémico. Analizado desde la ciencia tiene su explicación.

La ciencia nos dice: «Todo en el mundo es energía, y la energía no se crea ni se destruye, se transforma».

Nosotros somos energía, por lo tanto, somos eternos. Nos podremos transformar, pero nunca podremos desaparecer.

Analizada la reencarnación desde el punto de vista de la Espiritualidad y, más concretamente, siguiendo las enseñanzas del libro *Un curso de milagros*, encontramos, justo en la introducción de este libro, una cita contundente: «Este es un curso de milagros. Es un curso obligatorio. Solo el momento en que decides tomarlo es voluntario».

Esto nos está diciendo que todos los seres humanos vamos a tener que hacer este curso. Unos necesitarán más vidas que otros para hacer el curso, todo dependerá de la intensidad con que lo hagamos. El resultado al final será el mismo para todos: despertar del sueño y vivir como el Hijo de Dios que somos.

La información acumulada en nuestras experiencias de vidas anteriores está en el inconsciente más profundo y por eso nos cuesta mucho acceder a ella. En cambio, la información sobre nuestra vida actual está en el subconsciente y, por tanto, es más fácil de recordar.

Para terminar con este relato debemos entender que no solo las experiencias de nuestras vidas anteriores permanecen en nuestro inconsciente, sino que también podemos encontrar ahí experiencias de nuestros antepasados.

En el inconsciente está toda la información importante sobre lo que nosotros somos, sobre cuáles son nuestros dones y talentos y están, también, aquellas cosas no tan buenas que tenemos que corregir para evolucionar espiritualmente.

Ahora que hemos entendido dónde se encuentran nuestros recuerdos, debemos ocuparnos de cómo llegar a conocerlos.

—Querido Luis, amigo mío, ¿qué te ha parecido la explicación de la mente, sus partes y sus contenidos?

—Me ha parecido muy interesante, pero hay una cosa que no me ha quedado nada clara. Has dicho que en nuestra mente quedan guardadas, también, cosas que hicieron nuestros antepasados.

—Hay una diferencia muy sutil, Luis. No me he referido a cosas que hicieron, me he referido a cosas que experimentaron. Te pongo un ejemplo: tu abuelo pudo tener la experiencia de una guerra, pero no estuvo en la guerra. Esa experiencia que vivió tu abuelo se la transfirió a tu padre a través de comentarios y actitudes y, a su vez, también tu padre te la transfirió a ti, inconscientemente. ¿Entiendes ahora cómo la guerra que experimentó tu abuelo ha quedado grabada, de alguna manera, en tu inconsciente?

—Acepto la explicación.

Sigamos. Para conocer nuestro subconsciente nos podemos valer de la reflexión, la meditación y el silencio. Descubrir lo que hay en nuestro inconsciente es más complicado.

La ley del espejo es una herramienta útil para conocer lo que hay en nuestro inconsciente. Demos una definición de la ley del espejo. Esta nos dice:

> *Todo lo que hay fuera de mí y que está en mi entorno, ya sean personas con sus comportamientos o situaciones que me afectan positiva o negativamente, es un reflejo de lo que hay en mi interior, es decir, la causa de todo lo que observo está dentro de mí y todas las personas de mi entorno son mis espejos, ya que todos reflejan algo de lo que soy.*

Cualquier acontecimiento que se produce en nuestro vivir cotidiano y cualquier persona que aparece en nuestra vida es una oportunidad que tenemos para descubrir lo que hay en nuestro inconsciente.

El espejo está fuera de nosotros y en él vamos a ver reflejado todo lo más oculto que hay en nosotros, todo lo que está en nuestra sombra, todo lo que está en nuestra mente inconsciente.

Por tanto, debo estar muy atento al exterior porque, me guste o no, siempre está reflejando mi interior.

Sin darnos cuenta, atraemos situaciones y personas del exterior que vibran en la misma frecuencia que vibran las cosas que tenemos en nuestro inconsciente. Veamos ejemplos para entender este hecho: ¿Cuántas veces nos pasa que, escuchamos a una persona por primera vez y nos entusiasma su mensaje y la manera de expresarlo? Decimos: «Qué buena onda me ha transmitido». Está claro que podemos deducir: ese mensaje lo comparto.

Posiblemente, si no se hubiera producido ese encuentro, yo no me habría dado cuenta de algo que estaba en mi inconsciente y que ahora pasa a mi consciente. Otro ejemplo:

Supongamos que estoy en Toledo y visito la Iglesia de Santo Tomé. En ella me topo de frente con la obra cumbre de El Greco, *El entierro del señor de Orgaz*. La emoción llega a mis ojos. Es evidente que esta emoción me está desvelando mi capacidad para admirar la pintura, para admirar el color y las formas. Me está diciendo cuán sensible soy al arte plástico. Podríamos, incluso, llegar a sospechar que soy yo el que pintó ese cuadro en una de mis vidas pasadas. Esta circunstancia me ha mostrado algo que estaba en mi inconsciente.

También me hace de espejo aquello que me produce rechazo. Presto atención a una conversación donde se está planteando dar un donativo a un mendigo que está en la calle pidiendo limosna, yo siento un rechazo porque pienso: «¡Que trabaje como los demás!»

Esta forma de pensar está reflejando mi talante egoísta. Si no hubiese asistido a esa conversación, no me habría dado cuenta de algo que hay en mi inconsciente. Más ejemplos:

Me encuentro con un conocido por el cual siempre he sentido un gran rechazo. Cada vez que toma la palabra no la suelta, se pone a contar historias y las va empalmando unas con otras. Como se suele decir, vulgarmente: no calla.

El rechazo que siento hacia esa persona me muestra cómo me comporto yo en situaciones similares: no paro de hablar, siempre quiero ser yo el protagonista. Mi comportamiento es un desprecio hacia los demás porque pienso que solo mis historias son interesantes. El rechazo que siento hacia esa persona me está mostrando mis defectos ocultos.

Si alguien me dice ladrón y yo me quedo tan ancho, no me afecta. Significa que no me gusta robar, el deseo de robar no está en mi inconsciente.

Si alguien me llama traidor y me siento muy ofendido por el insulto, es que algo en mí hay de traicionero, el deseo de traicionar está en mi inconsciente.

Más ejemplos que me permitan aclarar este concepto:

Estoy esperando en una fila y alguien intenta colarse, soy yo el que grita increpando a esa persona que se cuela. Esto significa que estoy en conflicto en mi inconsciente.

Me saltan las lágrimas cuando escucho la noticia de que un niño ha muerto por desnutrición. Significa que hay ternura y comprensión en mi sombra.

Podríamos ir analizando infinidad de acontecimientos y situaciones diferentes que se producen en mi entorno cada día, tanto agradables como de rechazo.

Pongamos otro ejemplo:

Asisto al mitin de un político y, entre los asistentes, hay personas que abuchean lo que dice y otros que aplauden lo mismo que dice. Esto demuestra que no hay lo mismo en el inconsciente de unos que de otros.

Analicemos ahora más a fondo en qué consiste la ley del espejo.

El primer punto a tener en cuenta es: «Todo lo que observo fuera de mí y me afecta es porque está dentro de mí». Cuanto mayor es el impacto que me produce aquello que ocurre en mi exterior, significa que más oculto está en mi inconsciente.

Veamos ejemplos:

Si pongo la tele y están dando información de una guerra, esto no quiere decir que, necesariamente, haya una guerra dentro de mí. Lo que tengo que valorar de esta información es: ¿cuál es el impacto que me provoca la noticia? Si me provoca una gran indignación puede ser por dos motivos muy distintos: o porque sí que hay un gran conflicto en mi parte oscura o porque esta información me está reflejando el efecto contrario: amo la paz y me indigna la guerra.

Cuando me siento muy molesto porque un amigo me dice que soy un cobarde, es una certeza de que en mi inconsciente tengo mucho miedo a enfrentarme a situaciones difíciles.

Cuando me molesta que mi pareja me espete que no la quiero, es porque en mi inconsciente, realmente, quiero más a otra persona que a mi pareja.

Cuando mi jefe, en el trabajo, me llama al despacho para decirme que no pongo interés en lo que hago y esto me produce una gran inquietud, es porque realmente paso de mi trabajo.

Dentro de nosotros hay infinidad de cosas que mantenemos ocultas y la única manera de conocerlas es observando las reacciones que provoca en nosotros todo aquello que me llega del exterior.

Si queremos conocer todo lo que hay en nuestra mente inconsciente, debemos estar muy atentos y observar con interés aquello que nos afecta del exterior. Las fobias y las filias son fiel reflejo de mi inconsciente.

Hay otro tipo de espejo muy diferente al anterior, pero que también nos permite conocer nuestro inconsciente más profundo. Este tipo de espejo nos dice: «Si algo nos molesta de una persona, puede ser un reflejo de lo contrario». Por ejemplo:

Si alguien nos molesta porque es muy tacaño, esto nos refleja justamente lo contrario: somos excesivamente generosos. Y esto, también en el extremo, puede ser un defecto. Otro caso:

Si nos molesta una persona cuando habla porque grita mucho, puede ser un reflejo de que nosotros hablamos excesivamente bajo y hay personas que no llegan a oírnos.

Un tercer matiz de la ley del espejo se presenta: «Cuando algo me molesta de una persona porque no me gusta lo que esa persona dice o hace».

Esta tercera situación se puede producir, por ejemplo, cuando alguien defiende con vehemencia la teoría de que Dios no existe, que todo es un comecocos y a mí me molesta porque defiendo justamente lo contrario. En este caso no es un reflejo directo: la molestia no es porque yo crea en Dios, la molestia es porque, de alguna manera, quiero imponer mi voluntad y mis ideas, es decir, soy un manipulador.

—Juan, no entiendo bien este caso. Si te molestas porque alguien dice que no cree en Dios, ¿será porque en tu inconsciente crees en Dios? Esto sería un espejo del segundo tipo, es decir, un reflejo de lo contrario a lo que tú eres.

—No, Luis, aquí hay que tener en cuenta un pequeño matiz. Si yo creo en Dios, nunca me sentiré molesto porque alguien diga que no cree en Dios. Si me siento molesto, es porque yo soy un manipulador y quiero que todos piensen como yo. Este tipo de espejo es muy sutil, pero es muy frecuente.

—Veo, Juan, que hilas muy fino.

—La ley del espejo es muy poderosa y poco conocida. Aquí solo pretendo mostrarte algunos detalles para que luego puedas profundizar en todos sus matices.

—Así lo haré, no pensaba que pudiera dar tanto de sí esta ley.

Este último tipo de espejo me ayuda a conocer lo manipulador que soy. En general, siempre que algo externo me afecta intensamente es porque hay algo en mi inconsciente que se siente afectado por lo que ocurre fuera de mí. Lo que ocurre fuera de mí es un espejo.

Una persona de mi entorno nunca paga la ronda. Esto me molesta mucho. Este hecho me está indicando dos cosas totalmente distintas. Por una parte, que soy muy poco generoso: no ayudo a mi vecino que está en grave necesidad. Por otra parte, que rechazo la tacañería. En realidad son dos cosas distintas de mi personalidad.

Todos estos matices de la ley del espejo son una fuente inagotable para nuestro conocimiento personal. Nos ayudan a conocer lo más profundo de nuestro ser. Nos hacen más empáticos. Nos convertimos en seres más humanos, compasivos y humildes. Nos damos cuenta de que todos los seres humanos somos iguales. Nadie es más que nadie ni menos que nadie. Nos liberamos del victimismo y de la culpa y, por último, nos transformamos en personas más sabias y más libres.

Descubrir nuestro lado oscuro es el primer paso para aceptarlo y sanarlo.

En la sombra tenemos oculta nuestra personalidad, tanto nuestras cualidades y talentos como nuestros defectos menos confesables: la ira, la envidia, el rencor, el miedo, la venganza, la desconfianza y el apego.

Es imposible ver directamente aquello que tenemos en nuestra sombra o en nuestro inconsciente. Es lo mismo que nos pasa cuando tenemos una mancha en la cara o un grano en el culo. No los podemos ver. Necesitamos un espejo para verlos. Lo mismo ocurre con lo que tenemos en nuestro inconsciente: necesitamos un espejo para ver lo que hay en él.

Me queda comentar un último matiz sobre la ley del espejo: no gastemos energía en intentar cambiar el exterior. No lo conseguiremos cambiar. Si queremos que cambie el exterior, antes debemos cambiar nuestro interior. La mancha que vemos en nuestra cara cuando nos miramos en el espejo no la podemos quitar del espejo. Cambiar el exterior porque algo me molesta no es posible.

La corrección la debemos hacer en nosotros, nunca en el espejo, o sea, nunca intentemos cambiar las cosas que vemos ni a las personas con las que tenemos alguna relación. La ley del espejo nos permite conocer no solo nuestro lado oscuro negativo, sino también nuestras cualidades y talentos.

Entender esta ley y ponerla en práctica con frecuencia nos va a hacer crecer mucho como persona. La ley del espejo nos enseña: «Si yo cambio por dentro, lo de fuera cambia». Lo de fuera es un reflejo de lo que nosotros somos por dentro.

Si quiero que el exterior me refleje amabilidad, positividad, generosidad, respeto y comprensión, lo primero que debo hacer es ser amable, positivo, generoso, respetuoso y comprensivo conmigo mismo. Esta es la regla de oro de la convivencia humana.

Para interpretar correctamente la ley del espejo quiero recalcar un concepto que ya he explicado anteriormente, pero que es fundamental entenderlo bien.

Lo que vemos en el exterior no tiene que ser necesariamente el reflejo de lo que tenemos en nuestra sombra. Sin embargo, lo que vemos en el exterior y nos produce un fuerte rechazo o una poderosa atracción, eso sí que es el reflejo de lo que tenemos en la sombra.

En realidad, solo están en la zona inconsciente de nuestra mente aquellas cosas que no soportamos y que juzgamos o criticamos. No están dentro de nuestra sombra aquellas cosas que observamos sin más.

Si hay un grupo que está hablando mal de una persona y yo estoy en ese grupo participando de la crítica, esto sí me está haciendo de espejo. Mientras que, si a mí no me afecta para nada la crítica, esa situación no me está haciendo de espejo.

No confundamos la ofensa que me hace el otro con la interpretación que yo hago de esa ofensa. La ofensa está en el otro, pero la interpretación y la emoción que nos genera están en mí.

Todo lo que nos pasa en esta vida tiene una finalidad y si lo que nos pasa nos genera una fuerte emoción, eso nos hace de espejo porque nos muestra aquello que tenemos en la sombra. Debemos estar, por tanto, agradecidos a todo lo que nos pasa.

Las emociones que tenemos en esta vida no van en contra de la nueva espiritualidad.

En ninguna parte del curso se dice: «No nos enfademos» o «No expresemos las emociones».

Precisamente lo que tenemos que hacer es expresar nuestras emociones. Los hechos quedan, las emociones pasan.

No es erróneo hacer juicios de valor. En este mundo dual, tenemos el bien y el mal. No podríamos salir a la calle si no tuviéramos juicios de valor sobre todo lo que ocurre a nuestro alrededor.

Si no juzgo que cruzar la calle con el semáforo en rojo es peligroso, me podrían atropellar. Si no hacemos un juicio de valor sobre aquellas cosas que no nos pertenecen, desaparecería la propiedad privada.

Lo malo no está en que nos enfademos o nos cabreemos, lo malo está en justificar nuestro enfado y en no reconocer que nos hemos enfadado. Hasta Jesús se enfadó cuando echó a los cambiantes del Templo.

Para terminar, no olvidemos las palabras de Yaguchi en *La ley de lo inevitable*:

> *Todos los problemas que surgen en la vida ocurren para que nos demos cuenta de algo importante. Usted no tendrá nunca ningún problema que no pueda solucionar. Usted tiene la fuerza necesaria para resolver cualquier problema.*

—Buenos días, Luis, ¿qué te ha parecido la ley del espejo?

—Pues que voy a romper todos los espejos que tengo, porque soy muy feo y porque tengo muchos defectos.

—Por favor, Luis, no hagas ese disparate. En el fondo no eres tan feo y, por otra parte, los espejos también van a reflejar tus cualidades y talentos. Te aconsejo que, en vez de romper los espejos, los limpies bien y te verás mucho más guapo y más capaz de emprender el negocio de tu vida.

El cuento:

https://www.youtube.com/watch?v=1N516hRPiSI.
https://www.youtube.com/watch?v=VEDuVENSRn8

El amor

El amor es estar.

—Hola, Juan. ¿Pretendes pasar al libro Guinness por escribir el capítulo más corto que jamás se ha escrito?

—No era esa mi intención. Te diré que escribí varias páginas de este capítulo y cuando las fui corrigiendo, iba borrando párrafos continuamente. Ninguno reflejaba el concepto de amor que sentía en lo más profundo de mi ser.

—Has de saber, Juan, que este era el capítulo que más me interesaba *a priori*. Te puedes imaginar la decepción que me he llevado al ver su breve contenido.

—Te diré, Luis, que me he quedado muy ancho con este breve contenido. Había descrito lo que era el amor: darlo todo sin esperar nada a cambio, el amor da vida, el amor consuela, el amor acompaña, el amor besa, el amor sufre, el amor no miente, el amor es generoso, el amor transmite alegría, el amor da placer, el amor es…, el amor da…. Me iba decepcionando a medida que comentaba las cosas que eran el amor. Al final me di cuenta de que el amor no puede ser tantas cosas. Basta con que esté. El amor está y punto.

—Me has convencido otra vez, supongo que esto será amor.

—Por supuesto que es amor. El amor no es dar besos ni ofrecer flores, el amor es dar un paso hacia el otro y estar presente con él para lo que quiera.

El ego

La palabra ego significa «yo» en latín. El checo Sigmund Freud, padre del psicoanálisis, dio la siguiente definición del ego:

El ego es la instancia psíquica que se reconoce como yo parcialmente consciente, que controla la moralidad y media entre los instintos del ello, los ideales del superego y la realidad del mundo exterior.

¡Ahí es nada! Con esta definición tienes entretenimiento para unos cuantos días o quizás meses y quién sabe si años.

Te voy a dar la misma definición, pero un poco más ajustada a tu mente: en psicología, cuando hablamos de ego, hablamos de la instancia psíquica a través de la cual el individuo se reconoce como un yo singular y es consciente de su identidad. ¿Verdad que esto lo entiendes mejor? Un poco mejor, me vas a responder. Luego le preguntaré a Luis cómo lo ve.

En un lenguaje más coloquial hacemos referencia al ego más como una actitud que como un sujeto. Definimos al ego como «un exceso de atención o interés hacia uno mismo y a la necesidad de ser reconocido socialmente».

Para entendernos mejor, vamos a tratar al ego como un proceso mental, es decir, como una manera de pensar.

Todos tenemos nuestras propias ideas sobre los temas de actualidad, es decir, todos tenemos nuestra propia manera de ver e interpretar las cosas

Así, por ejemplo, unos sienten afición por el fútbol, otros por el baloncesto, otros por el ciclismo; unos creen que es mejor equipo, el Real Madrid; otros que el Barcelona; unos creen que el comunismo es el mejor régimen de convivencia, otros creen que no, que el mejor régimen de convivencia es el liberalismo; unos creen en Dios y otros no; unos creen que el dinero es lo más importante que podemos tener en esta vida, otros creen que lo más importante es la salud y algunos se conforman con el amor.

El ego sería ese conjunto de ideas que hay en la mente de cada individuo. Espero que ahora todos tengamos una visión más clara de lo que es el ego. Sigamos analizando al ego:

Todo lo que pensamos, hacemos o decimos produce un impacto en nuestra mente. Así, vamos construyendo lo que podríamos llamar un estado mental o lo que es lo mismo: nuestro ego.

Si se ha entendido lo explicado hasta aquí, vamos a complicarlo ahora un poco más. En nuestra mente influyen dos personajes: el ego y el Espíritu Santo. Las ideas de estos personajes son muy diferentes entre sí, es como si un mismo individuo tuviera dos cabezas pensantes. Algunos ejemplos:

Voy al supermercado y, a la entrada, hay un señor pidiendo una limosna. Mi primera reacción es: «¡Que trabaje como yo!». La otra reacción es: «¡Qué pobre, no encuentra trabajo!». Es la misma persona con dos cabezas pensantes distintas.

Llego a casa y mi pareja no está, mi primera reacción es: «¡Estará con otro!». La otra reacción es: «¡Habrá ido con el niño al médico!». Es la misma persona con dos cabezas pensantes distintas.

Salgo del médico, que me ha dicho que tengo el colesterol en 130 mg/dl. Mi primera reacción es: «¡Ya está, a tomar pastillas toda mi vida!». La otra reacción es: «¡Qué bien, ya tengo un motivo para caminar cada día una hora!» Es la misma persona con dos cabezas pensantes distintas.

Estos ejemplos y muchos más nos confirman que en nuestra mente hay dos personajes que piensan de manera diferente. Y, como hemos podido observar, primero se escuchan los pensamientos del ego y luego los del Espíritu Santo. Por esta última aclaración es muy aconsejable no hacer caso de los primeros impulsos y deseos, es muy conveniente dejar pasar unos segundos antes de tomar una decisión.

—Juan, me estoy dando cuenta que últimamente explicas las cosas con más claridad. ¿No será porque no quieres que te moleste tanto?

—Sí y no. Con tus preguntas me estás indicando, como si fueras un espejo, que no me explico bien, por eso intento mejorarme en cada capítulo.

—Me alegro, Juan, de que mis preguntas te estén sirviendo para algo, pero ahora te quiero hacer una un poco comprometida.

—Dime, Luis.

—¿Qué me pasaría si en esa dicotomía de reacciones, siempre optara por la primera?

—Muy astuta tu pregunta. La respuesta es muy sencilla: pronto te sentirías culpable de la decisión tomada y, lo que es peor, te sentirías inseguro. Y, lo que es aún peor, esta inseguridad te generaría un estado de temor o de miedo.

—Buena respuesta, pero me surge otra duda: ¿por qué, Juan, el sistema de pensamiento del ego produce miedo?

—Porque los pensamientos derivados del ego se basan en un concepto temporal de la vida humana: para el ego somos finitos, nadie nos sostiene, nuestro ser pensante no tiene soporte y esto nos produce inseguridad y, como consecuencia, miedo a lo que nos pueda ocurrir en el futuro.

—Perfecto, Juan, eso lo entiendo. Pero ¿por qué el ego nos hace sentirnos culpables de lo que hacemos?

—El ego nos hace culpables después de acusar de culpable al otro y, como el otro ya no está en su esfera de influencia, nos traslada la culpa a nosotros. El ego juzga y condena, haciéndonos culpables a nosotros después de intentar, sin lograrlo, culpar al otro.

—Gracias, Juan. Hoy me has liberado de muchas de mis controversias.

Vamos a seguir analizando el comportamiento del ego, qué nos propone y a dónde quiere llevarnos. El ego pretende hacernos creer que no somos el santo Hijo de Dios. Destruir el pensamiento de unidad con el Padre es, ciertamente, destruir a Dios de nuestros pensamientos. Esto es lo que quiere el ego.

La consecuencia de este pensamiento es evidente: miedo y culpa. Si eliminamos a Dios de nuestra vida, ¿quién nos da soporte? Evidentemente, nadie. Al quedarnos solos, nos entra el canguelo.

El sufrimiento y el dolor el ego los interpreta como un castigo de Dios.

El tiempo y el espacio son una fabricación del ego, no una creación del Padre. El curso nos dice categóricamente: «Dios, nuestro Padre, no creó este mundo».

El ego no cesa de insistirnos: todo lo malo que nos pasa, es culpa de los demás. Uno de los momentos más delicados de nuestra vida es cuando, allá por los cuatro o cinco años, nos vamos percatando que nuestros padres, no lo son todo. En ese momento empezamos a sentir un vacío y, como consecuencia, miedo por nuestro futuro. Nos empezamos a agarrar a nuestros amigos, pero no.

Si a nuestros «x» años quisiéramos volver a sentirnos seguros y confiados, tendríamos que observar cada vez más a los niños. No por lo que nos van a enseñar, pero sí por lo que vamos a desaprender.

Cuando esta sensación de inseguridad se produce en nuestra vida es cuando el ego se presenta como el salvador. El ego toma el mando de nuestras decisiones y, por eso, nos dice: «No te preocupes que aquí estoy yo, no hagas caso a tus padres, ellos están en otra onda. Yo te presento amigos, juegos, diversión. Te voy a hacer famoso, como esos que ves por la tele».

En este momento tan crucial es cuando el otro personaje (el Espíritu Santo) tendría que echarnos una mano, es decir, darle un manotazo al ego. El Espíritu Santo no nos echará una mano si nosotros no se lo pedimos.

Por consiguiente, el ego se apodera de nuestra mente y comenzamos a vivir una vida de ilusión y fantasía. Es una vida irreal, pero es la vida que queremos vivir. Y en este caminar, nuestro guía es el ego.

El ego se preocupa de que tengamos una identidad: soy diferente, tengo mi propia personalidad, soy libre con ideas propias, estoy construyendo mi futuro. No necesito a Dios, el mañana ya lo tengo previsto. Tengo un cuerpo que me gusta, lo cuido y me responde; le enseño y aprende; lo pinto y luce. Todo lo tengo controlado, también a los otros cuerpos que compiten con el mío.

El ego primero nos enreda haciéndonos creer que somos importantes y autosuficientes. Nos engaña mostrándonos un mundo irreal. El ego pretende conseguir que nos consideremos todo lo contrario a lo que somos.

Somos eternos; el ego nos hace sentirnos mortales. Somos puro amor; el ego nos abandona al miedo. Somos Uno con el Padre; el ego nos presenta divididos en infinidad de seres humanos que compiten entre sí. Somos perfectos; el ego nos va mostrando, continuamente, las imperfecciones de nuestros hermanos, las nuestras nos las oculta.

El ego es un conjunto de ideas falsas colocadas en nuestra mente consciente. Estas ideas falsas se colocan en nuestra mente merced a los pensamientos que nos llegan, los cuales aceptamos.

Los pensamientos nos llegan por varios conductos. Los primeros pensamientos nos los proporcionan nuestros padres y a partir de ahí vamos utilizando cauces: los amigos, la tele, la escuela, la religión, la cultura. Todo lo que entra por nuestros sentidos deja una copia en nuestra mente.

El ego siempre busca un beneficio para sí. El ego, evidentemente, es un egoísta y cuando no puede conseguir algo, nos convierte en víctimas. El ego es un adicto a las normas, a lo éticamente correcto, nos indica en cada momento lo que es bueno y lo que es malo, nos va diciendo cuándo tenemos que ayunar y hacer penitencia, es muy exigente con el sexo, ¡cuidado con él! Sin embargo, da rienda suelta a las borracheras y comilonas. Con la lujuria, ¡ojo!, con la gula, ¡ancha es Castilla!

El ego nos atormenta, nos machaca, nos compara con los demás, nos obliga a hacer cosas ridículas. El ego no para de amenazarnos con el castigo de Dios. Si no cumplimos las normas específicas de Él, vamos a ser condenados. El ego nos anima a que hagamos caridad, así seremos buenos y, por lo tanto, iremos al cielo. Somos vasallos del ego sin darnos cuenta. ¡Otra forma de vivir es posible!

Antes de seguir hablando de este sin vergüenza, vamos a analizar varios casos prácticos:

Estamos entusiasmados, preparando el huerto para plantar tomates. De repente, llega un amigo y nos invita a una fiesta, nos promete diversión, encuentros bien enrollados, transgresión, alcohol y nocturnidad. A nuestra mente le están llegando pensamientos nuevos. Poco a poco, estos pensamientos calan en ella y se despierta un nuevo deseo. Este deseo pasa de plantar tomates a ir a la fiesta. En este caso ambos pensamientos son neutros, ni buenos ni malos, pero está claro que nuestro ego ha conseguido su objetivo.

Es sábado por la mañana y, mi propósito es acompañar a mi hijo de 12 años al colegio para jugar el primer partido de la temporada. En ese momento suena el teléfono, es el concesionario Mercedes: «Puede pasar a retirar su Mercedes GLS». El primer pensamiento que llega a mi mente es: llevo a mi hijo al colegio, lo dejo que juegue el partido y me voy con un amigo a recoger el coche. El segundo pensamiento: me quedo viendo a mi hijo jugar el partido.

No es difícil adivinar, en este caso, cuál es el pensamiento del ego. Otros dos casos:

Me gusta la política, quiero contribuir a mejorar la vida de la gente. Me presento como cabeza de lista para presidente de mi región. Tengo serias expectativas de ganar. El día elegido, la suerte me vuelve la espalda. Alguien menos competente que yo ha ganado. Decido abandonar la política por motivos personales. Mentira, mi ego no soporta que sea un segundón.

Tenía dos opciones: contribuir a mejorar la vida de la gente o abandonar la política. ¿A quién he hecho caso?

Voy con mi moto por una carretera secundaria cuando tropiezo con un todo terreno BMW X5 varado en la orilla. Me dirijo al conductor:

—Buenos días, señor, ¿en qué puedo ayudarle?

—Gracias, caballero. ¿Me puede dejar el teléfono para llamar a la compañía, que me he quedado sin batería en el mío?

—Por supuesto, tenga usted.

Mi primer pensamiento es: «Este señor seguro que me busca trabajo». El otro pensamiento: «Qué feliz me siento de poder ayudar a este señor».

Para prosperar espiritualmente debemos abandonar todos aquellos pensamientos que provienen del ego. Veamos unos cuantos pensamientos que provienen del ego:

- ¡Qué bueno soy, si doy limosna!
- ¡Qué importante seré si hago la carrera de arquitectura!
- ¡Cómo me van a admirar si soy guapo/a y con dinero!
- ¡Qué amoroso soy si regalo una rosa a mi madre!

Abandonar las ideas del ego supone liberarnos de los obstáculos que nos impiden experimentar la presencia del amor.

Cada vez que no obedecemos al ego, subimos un peldaño en la escalera que nos lleva al cielo.

—Juan, me gusta mucho esto de la escalera. ¿Sabes cuántos peldaños tiene esa escalera?

—Yo ya he subido diez peldaños, pero tengo cataratas y no puedo ver bien los que me quedan. Lo siento.

—Vale, Juan. Voy a intentar alcanzarte y así subiremos juntos.

El Espíritu Santo

Este es el capítulo más importante de este libro.

El Espíritu Santo no es una paloma, al Espíritu Santo te lo puedes imaginar como te dé la gana.

El Espíritu Santo es la tercera pata del trípode que es la Santísima Trinidad: Padre, Hijo y Espíritu Santo.

Ya te expliqué quién es el Padre, también debes estar al corriente de quien es el Hijo y debes intuir que algo pinta en esta historia el Espíritu Santo.

Para aclarar conceptos, empecemos por hacernos un par de preguntas: ¿Quiénes somos? ¿Por qué y para qué estamos viviendo en este mundo?

Podemos pensar que somos un capricho de alguien que sabe mucho, pero que está loco. Podemos pensar que somos fruto de la casualidad. Es difícil asimilar esta idea cuando observamos que millones y millones de seres humanos tienen todos los mismos dedos en manos y pies y otras cosas.

Podemos aceptar que estamos en este mundo porque hubo una explosión hace muchísimos años y fuimos apareciendo nosotros como por arte de magia.

Cuando la mente le da vueltas a estas preguntas, se queda sin respuesta. Lo más coherente que escuchamos es: vive y disfruta de esta vida, que es muy corta.

¡Vaya chorrada que es decir eso! Tanta maravilla, tanta belleza, tanta elocuencia, ¿para vivir un instante dentro de los siglos por los siglos? No me cuadra. Aquí tiene que haber gato encerrado.

La religión que me enseñaron me dice que nos espera un cielo maravilloso, pero solo para los que son buenos aquí. Los malos irán al infierno a quemarse eternamente y me pregunto: ¿qué se van a quemar si ya están hechos polvo?

Los malos son los que roban, los que matan, los que mienten, los envidiosos, los que desean a la mujer del otro, los que no son caritativos. En definitiva: lo peor de lo peor.

—Juan, yo procuro no estar en ese grupo tan malo. Sin embargo, nadie me da garantías del cielo. Por eso, a veces pienso que todo es mentira, que ese cielo no existe, que todo es una excusa para que me porte bien y no dé problemas a la policía.

—Sí, Luis, tienes tu lógica, pero en seguida te pasas del todo a la nada: quieres el cielo ya. Piensa que no es lo mismo no ser malo que ser bueno.

—Explícame eso, no veo la diferencia.

—Si te digo que no ser guapo no es lo mismo que ser feo, ¿lo entiendes?

—Eso sí entiendo, porque hay guapos, menos guapos, normales, feos y muy feos.

—Así es, Luis. Quiero que entiendas una cosa: garantía del cielo, no te la va dar nadie.

—Entonces, ¿cómo voy a creer en una cosa que puede que no exista?

—Luis, no te andes por las ramas. En tu mente te has creado una idea del cielo como algo extraordinario donde hay ríos de leche y miel y muchas cosas superguais. Date cuenta de que ese pensamiento lo tienes en tu mente y tu mente forma parte de tu cuerpo y tu cuerpo no es real, es una ilusión. Por lo tanto, ese cielo que tú te imaginas no existe.

—Entonces, ¿por qué me han hablado tanto de que los buenos irán al cielo y los malos al infierno? ¿Cómo asimilo yo la idea de que el cielo no existe?

—El cielo no existe tal como tú te lo imaginas. Tú conseguirás el cielo cuando vivas como el ser que realmente eres. No te olvides de que tú eres el santo Hijo de Dios.

—Hasta aquí de acuerdo, pero ¿cómo hago yo para vivir como el santo Hijo de Dios que soy?

—Luis, de esto estoy tratando en este libro, de que te enteres de una vez de que tú eres el santo Hijo de Dios. Cuando logres ese Conocimiento, podrás empezar a vivir como el santo Hijo de Dios que eres.

—O sea, que, de momento, ¿dejo de ilusionarme con el cielo y sus aledaños?

—Pues sí, Luis, será mejor. Al cielo llegarás poco a poco y, además te voy a decir una cosa que te va a sorprender: «No hace falta morirse para ir al cielo».

—¡Ahora sí que te has lucido! Según esa teoría, elijo primero ir al cielo y luego morirme.

—Estás en tu derecho, puedes optar por ese camino. Recuerda lo que le escribe san Juan de la Cruz a su amiga Ana de Mercado y Peñalosa: «El más alto grado de perfección al que se puede llegar en esta vida es la transformación en Dios». Si te transformas en Dios, ya estás en el cielo. ¿Lo entiendes ahora?

—Sí, pero una cosa es entenderlo y otra conseguirlo.

—De eso se trata, por eso te estoy contando todas estas cosas. Además, tienes un comodín que te va a permitir ganar siempre, es decir, lograr ese Conocimiento en un tiempo récord, si aprendes a usarlo.

—Y, ¿cuál es ese comodín?

—Ese comodín es el Espíritu Santo. Nada externo a ti debe influir en tus creencias. Tú tienes que vivir experiencias que te confirmen con rotundidad la creencia en una vida distinta a la que estás viviendo en este mundo.

En este capítulo estoy hablando del Espíritu Santo, pero hay otro protagonista de indudable valor: el amor. Sentir que amamos es la prueba convincente de que el cielo puede ser un buen lugar para vivir eternamente.

—No entiendo, Juan, que el sentimiento de amar sea tan trascendente. Quiero escuchar una voz del otro mundo con mis oídos; quiero ver con mis ojos a mi Espíritu Santo; quiero saber a qué huelen las flores del paraíso; quiero tocar y gustar los placeres celestiales.

—Nadie te dará razón de eso que quieres, Luis, y de cómo lo quieres. Sin embargo, notarás que alguien te ronda, aunque no podrás comunicarte con él. Dentro de este nerviosismo y perplejidad, escucharás una voz, que te dice: «Conmigo no te puedes comunicar a través de tus sentidos corporales. Mas no tengas prisa, cuando estés preparado te llegará el Conocimiento». Es una voz muy débil y lejana, pero a medida que intentes escucharla se te hará más familiar. Es como si la voz llegara a tu interior sin pasar por los oídos. Esta voz te va a producir una sensación de paz, por eso no puede ser la voz del ego.

—Gracias, Juan. Noto que ahora has hilado muy fino. La voz del ego tampoco se percibe con los oídos corpóreos.

—Esto me lleva a pensar que es posible que exista otra dimensión. Otra dimensión donde hay maneras distintas de percibir las cosas y de comunicarse.

—Lo que le pasaría a un gusano si lo encerramos entre cuatro paredes. Se sentiría seguro porque está protegido por todos los lados. Para él solo hay dos dimensiones, no es capaz de imaginar que le pueden atacar por arriba.

Nuestro interés debe ser entrar y explorar esta nueva dimensión. Hay voces que me hablan. ¿Pero cómo consigo escuchar lo que me dicen? y, sobre todo, ¿cómo distingo la voz del ego de la voz del Espíritu Santo?

Con la voz del ego estoy bastante familiarizado. Intenta siempre ponerme a la defensiva; hace sentirme culpable y, de rebote, me incita a echar las culpas a la persona que tengo más cerca; quiere que sea juez sin carrera ni oposiciones; me propone el dinero y el poder como una solución a todos mis problemas; me dice que cuide mi cuerpo porque es lo más valioso que tengo; se opone a que mi mente indague en otras dimensiones; me propone el sufrimiento y el dolor como un pago necesario por mis pecados.

La voz del ego no me ofrece nada seguro, son cositas para salir del paso, pero no me ofrece un futuro estable. Según la voz del ego, este mundo es un lugar de paso, pero tampoco me dice a dónde voy a pasar.

Según el ego, ¡aquí estoy porque he venido! No tengo ninguna misión especial que cumplir.

Mis obligaciones son muy concretas: ir al trabajo bien aseado; comer sano para no engordar; tener amigos que me respeten y me aplaudan; ser generoso con los pobres; estar de acuerdo con el cambio climático; ir a misa si van los demás; aceptar las doctrinas sociales y, sobre todo, pagar los impuestos.

¡Triste misión para toda una vida! ¡Me resisto a aceptar este rollo! ¡Quiero oír la otra voz! Y la estoy empezando a oír, si bien es cierto que solo la escucho cuando tapo mis oídos corpóreos al ruido que hay a mi alrededor.

La voz del Espíritu Santo no resuena en mi mente, va directa al corazón. Esta voz me gusta cada vez más. Me dice que no haga caso a la voz del ego; que no me sienta culpable por nada; que nadie me va a castigar; que tengo una misión muy importante que cumplir en esta vida; que no mire a mi cuerpo como algo real; que soy eterno, que soy, nada más y nada menos, que el mismísimo Hijo de Dios. ¡Con esto tenemos para rato!

Cuando empecé a escuchar esta voz, hace unos tres años y medio, lo hacía una vez por la mañana antes de saltar de la cama. Era el momento de charlar con mi Espíritu Santo. Actualmente mantengo una conversación fluida y distendida durante todo el día, cualquier momento es bueno.

Lo que más me está gustando de esta voz es que me da la sensación de que siempre está a mi lado. Si me duele la cabeza, si tengo que aparcar el coche, si no sé cómo pagar una factura, esa voz se encarga. Yo, me ocupo de lo demás. ¡Esa es la voz de mi Espíritu Santo!

La voz del Espíritu Santo habla bajito, pero no para de hablar. Muchas veces no la oigo bien, sencillamente porque mi ego grita mucho, pero ya me voy acostumbrando a distinguir las dos voces.

Le pregunto frecuentemente a mi Espíritu Santo: «¿Qué digo o qué hago en este momento?» Siempre me ofrece una respuesta amorosa.

Esta es mi manera de caminar, colgado de mi Espíritu Santo, y la verdad que no es nada aburrida. Los problemas para Él; lo mío, sonreír y disfrutar.

La mayoría de los acontecimientos que observo en este mundo no son amorosos porque son una proyección del ego.

Voy por la vía con mi coche a 40 km/h, que es lo que marca la normativa. Me adelanta un coche y su conductor furioso me grita: «¡Espabila, cabrón!». ¡Qué poco amor hay en esas palabras!

En los casos que expongo a continuación puedo apreciar y distinguir cuándo me habla el ego o cuándo me habla el Espíritu Santo.

— Conozco, casualmente, a una persona hermosa. Esta persona tiene un problema y ese problema, en parte, se lo puedo solucionar yo. La primera voz que oigo y el primer impulso que siento es el de ayudarle, porque es hermosa. Este impulso no ha brotado del amor, por lo tanto, ha sido la voz del ego la que me ha sonado.

— Voy paseando por la calle y observo un mendigo pidiendo una limosna. Me acerco a él y, sin decirle ni media palabra, le entrego cinco euros. Este impulso no ha brotado del amor, por lo tanto, ha sido la voz del ego la que me ha sonado.

— Voy paseando por la calle y observo un mendigo pidiendo una limosna. Me acerco a él y le saludo, le pregunto por su salud, por su familia, le propongo que me cuente su vida y que se desahogue. Cuando me despido de él, le entrego cinco euros. Este impulso ha brotado del amor, por lo tanto, ha sido la voz del Espíritu Santo la que me ha sonado.

En el primer caso, le he ayudado porque es una persona hermosa. En el segundo, le he dado, casi con desprecio, aquello que me sobra. En el tercer caso, lo de menos ha sido el dinero que le di, lo importante ha sido el cariño con que se lo di.

El ego nos pretende engañar haciéndonos creer que, si actuamos con generosidad dando aquello que nos sobra, nos vamos a salvar.

Llegar a considerar al Espíritu Santo como mi bolso de mano es vivir otra vida. Es crear un sinfín de ilusiones. Es cambiar la forma de percibir este mundo.

No pretendo que este libro se convierta en un catecismo, pero sí que deseo verte sumergido en esta charca para que notes cómo en verano el agua está fresquita y en invierno, más bien caliente.

El Espíritu Santo no quiere que despreciemos los placeres de este mundo. Los ha creado nuestro Padre precisamente para eso, para que los disfrutemos. El Espíritu Santo nos viene a ayudar para cambiar la percepción de este mundo. Este mundo no está mal hecho, lo único que está mal es nuestra mirada.

Nadie puede negar que cuando nos llegan impulsos amorosos, la vida nos da un revolcón. Estos impulsos son obra del Padre. Estos impulsos son una muestra de lo que somos nosotros y de lo que puede ser el cielo.

El ego me dice que el dolor y el sufrimiento son castigos de Dios porque me he portado mal. Eso es mentira.

Vivimos en un mundo dual: bueno, malo; alto, bajo; feo, guapo; rico, pobre; joven, viejo; hombre, mujer. Por este motivo, el Espíritu Santo utiliza este mismo sistema dual para ayudarnos a corregir nuestros errores.

Si sufro una traición, no es como un castigo por algo, es para que entienda que lo contrario es lo correcto.

Si vivo en la escasez, es para que entienda que soy prosperidad.

Si estamos enchufados permanentemente al Espíritu Santo, apreciaremos cómo todo lo que nos ocurre es por nuestro bien.

En este estado de conexión nada de lo que nos ocurra nos podrá turbar. Recordemos el caso de Jesús en la cruz.

Nunca nos quejemos de cómo nos trata la vida. A medida que vayamos mejorando nuestra relación con el Espíritu Santo nos daremos cuenta que todo lo que nos pasa está motivado por el amor.

El amor es la fuerza del Espíritu Santo y cuando nos enganchemos a Él dispondremos de toda su energía.

Recordemos la sentencia que comentamos al principio de este capítulo: «Cuando estés preparado, te llegará el Conocimiento». ¿Qué significa estar preparado? ¿Qué significa tener el Conocimiento?

Nuestra principal misión en esta vida es prepararnos. Prepararnos es abandonar los planteamientos del ego, no dar valor al dinero ni al poder ni a la fama; entender que todos los seres humanos somos iguales, sin tener en cuenta el sexo, el color o el lugar de nacimiento es aprender a perdonar.

Esta es nuestra tarea y para realizar esta tarea tenemos el conjuro del Espíritu Santo. ¡Así de fácil!

Y si, encima, nos apoyamos entre nosotros para adelantar esta preparación, lo tenemos. ¡Chupado!

Para conseguir una buena preparación no necesitamos libros, ni religiones, ni doctrinas, ni credos. Estas cosas nos pueden ayudar, pero también nos pueden distraer.

En esta preparación es muy importante cuidar mucho las relaciones que tenemos con nuestros hermanos. Cuando conocemos a alguien por primera vez, siempre emitimos un juicio de valor: «¡Qué simpático!» o «¡Qué borde!».

La emisión de un juicio de esta naturaleza es porque he recibido de esa persona una vibración en este primer contacto. Esto demuestra que todos los seres humanos estamos interconectados. Todos emitimos una vibración específica. Somos, a la vez, una emisora y un receptor de radiofrecuencia.

Cada uno de nosotros tenemos nuestras propias vivencias y son estas vivencias las que producen una determinada vibración. La frecuencia de nuestra vibración es el resultado de todas las experiencias que vamos acumulando y procesando a lo largo de nuestra vida y, muy posiblemente, también de la vida de nuestros antepasados.

Las vibraciones son ondas que están en el espacio que nos rodea, por eso, cuando vamos caminando, vamos proyectando lo que somos.

Proyecto mi alegría, mi preocupación, mi angustia, mi felicidad, mi sentimiento de culpa, mis necesidades y también proyecto al Espíritu Santo que me acompaña. Todo esto lo proyecto de manera inconsciente.

De aquí la importancia de aumentar mis vibraciones positivas y de sanar las negativas. Si consigo eliminar mi sentimiento de culpa, seguro que no culparé a nadie. Cuando no me sienta culpable por nada, conseguiré no culpar a mis hermanos.

Nosotros no podemos cambiar a nadie su comportamiento ni su actitud. Únicamente podemos cambiar nosotros.

Ya lo decía Albert Einstein: «Si el mundo que ves no te gusta, que sepas que no lo puedes cambiar, mas si cambias tu forma de verlo, si cambias tus pensamientos, cambiará tu universo».

Al cambiar nuestros pensamientos, cambiamos nuestra energía y, por lo tanto, cambiamos nuestras vibraciones. Esto hace que cambie nuestro universo.

Llegados a este punto nos preguntamos: «¿Quién es el Espíritu Santo?». El Espíritu Santo es el mediador entre las ilusiones y la verdad, es quien tiene que saldar la brecha entre la realidad y los sueños.

El Espíritu Santo es el regalo que el Padre hace a todo aquel que acude a Él en busca de la verdad. El objetivo de las enseñanzas del Espíritu Santo es, precisamente, acabar con los sueños.

Los sonidos, las imágenes y todo lo que percibimos por nuestros sentidos corpóreos tienen que transformarse de testigos del miedo en testigos del amor.

El Espíritu Santo entiende todo el montaje que hemos hecho para considerarnos separados del Padre, pero si le contamos y le ofrecemos a Él todas las artimañas que estamos creando en nuestra mente para mantenernos en esta separación, Él utilizará todo su poder y amor para llevarnos de retorno a la casa del Padre, de donde nunca debimos de haber salido.

Los propósitos del ego no son verdaderos, siempre van proyectados sobre el cuerpo y el cuerpo es efímero. Todo lo que se construye sobre lo temporal no es verdadero.

El ego no para de inventar nuevos proyectos para el cuerpo: le compra un abrigo de visón para que no pase frío; le regala un frasco de Shumukh, el perfume más caro del mundo; le lleva de vacaciones a The St. Regis en Bora Bora en la polinesia francesa; le obsequia con un Bugatti para que presuma ante sus amistades de un automóvil exclusivo; le manda flores todos los domingos.

Esto es lo que el ego nos propone como lo más exclusivo. De ahí para abajo, siempre son cosas perecederas. Hoy nos dan algo de satisfacción, pero mañana nos producen amargura porque tenemos que pagar las deudas que esos caprichos nos producen.

Sin embargo, El Espíritu Santo quiere que usemos el cuerpo para sonreír, compartir, ayudar, unir y comunicar. Cuando el Espíritu Santo sea nuestro compañero de viaje, aprenderemos a olvidarnos del cuerpo. El cuerpo empezará a desaparecer de nuestra conciencia. El cuerpo será algo secundario.

Debemos entender algo muy importante: nada de lo que nos ofrece el ego ni nada de las cosas que hay en este mundo tienen existencia por sí mismas.

Lo que es, es eterno y no tiene fecha de caducidad. Lo que nos ofrece el ego dura muy poco. Las vacaciones son quince días; el abrigo se pudre en el armario o nos lo roban; el frasco de perfume se cayó al suelo; al coche se le acabó la batería; las flores se marchitaron el martes.

Después de analizar cómo actúa el ego, está claro que nuestra principal ocupación en este mundo debe ser desprendernos de él.

Para deshacernos del ego, el primer paso es detectarlo en nuestro comportamiento. Lo primero que tendremos que hacer será ser conscientes de que actuamos movidos por el ego.

El ego no nos valora por lo que somos, solo nos valora cuando tenemos juventud, poder o dinero.

El Espíritu Santo no distingue entre hermosos y feos, no distingue entre mendigos y poderosos. El Espíritu Santo nos ve como el Hijo de Dios que somos.

El ego nos va retratando a lo largo de nuestra vida en función de sus parámetros; el Espíritu Santo nos retrata siempre como el Hijo de Dios.

El ego nos quiere hacer ver que no valemos mucho y, por lo tanto, que no nos merecemos casi nada. Quiere que nos conformemos con antiguallas.

El Espíritu Santo nos está diciendo que somos todopoderosos; que podemos caminar sobre las aguas como lo hizo Jesús; podemos curar cualquier enfermedad; podemos amar sin medida. ¡Somos el Hijo de Dios!

Para cambiar el rumbo de nuestra vida, tenemos que dejar de escuchar la voz del ego y acostumbrarnos a oír la voz del Espíritu Santo. Este cambio de rumbo realmente requiere de una estrategia: cuando un pensamiento llegue a nuestra mente, debemos reposar un minuto o minuto y medio antes de tomar una decisión y, a continuación, invocar al Espíritu Santo pidiendo ayuda.

Puede que, aun así, tomemos la decisión errónea, pero siendo fieles a esta estrategia conseguiremos el objetivo de dominar nuestros impulsos no amorosos.

Hay muchas situaciones en nuestro día a día donde podremos aplicar esta estrategia. Veamos algunas de ellas:

— Tengo un hijo con un problema de discapacidad. Le llevo a un colegio especial, le proporciono tratamientos carísimos y, a pesar de todo, me siento culpable porque no hago lo suficiente. En este caso, claramente, es el ego el que está haciendo que me sienta culpable.

— Estoy en una necesidad económica importante. Tengo deudas por todas partes. Le pido al Espíritu Santo que me saque de esta penuria. Tengo fe en que así va a ser. Sin esperarlo, me llega la noticia de que voy a recibir una herencia importante de mi tío que falleció en la primavera. Me pongo muy contento y decido gastarme una parte de ese dinero en unas vacaciones. Me han quedado algunas deudas, pero me siento feliz porque tomé la decisión de no hacer caso al ego que me decía que primero anulara mis deudas.

En estos dos ejemplos veo muy bien a qué voz hago caso. En el primero, es al ego; en el segundo, es al Espíritu Santo. El resultado está claro. En el primer caso me siento culpable y en el segundo caso estoy en paz y feliz.

Aparentemente, en el primer caso, estoy haciendo una acción más amorosa. Está claro que lo importante no es lo que hago, sino cuál es la voz que escucho.

Como dice Martín Merayo: «Pongamos el burro delante del carro».

Creemos que entregando una rosa, obtendremos amor; que pagando una deuda, obtendremos paz; que poniendo una alarma en nuestra casa, obtendremos seguridad.

Esta forma de actuar, según Martín, sería el carro.

Tenemos a tiro dos maestros: el ego y el Espíritu Santo. De la elección del maestro correcto va a depender nuestro estado de paz y felicidad. La acción de observar al ego nos hace más conscientes a la hora de elegir el maestro.

Me encuentro en un supermercado y veo que está comprando un amigo con el que no me hablo desde hace cinco años. Tuvimos una discusión y rompimos nuestra relación.

Se presentan dos opciones: hacerme el despistado, como que no lo he visto, y salirme del súper o ir hacia él con una sonrisa.

El ego me dice que me vaya del súper, no vaya a ser que se revivan las viejas rencillas. El Espíritu Santo me insinúa que vaya a saludar a mi antiguo amigo con una sonrisa. De esta manera, perdonando, eliminaré un enemigo de mi conciencia. Descargando la conciencia de rencor, aumentará mi paz.

Después de escuchar estas dos voces, se trata de tomar una decisión. Las dos decisiones podrían estar justificadas; pero hay una más poderosa que la otra, sencillamente porque es más amorosa.

No tengamos ninguna duda: tomar una actitud amorosa en cualquier situación será señal inequívoca que hemos elegido al maestro correcto.

El amor es una fuerza tan poderosa que, en este mundo, no hay nada que se le resista.

La voz del Espíritu Santo siempre nos motivará a tomar decisiones amorosas; la voz del ego nos proporcionará escusas para no actuar amorosamente.

Los conflictos son producidos porque los seres humanos buscamos y deseamos amores especiales que no son el amor verdadero. El amor especial es el amor exclusivo. Primero yo y ante todo yo.

Recordemos que somos divinos, que estamos hechos de la misma pasta que Dios y Él es puro amor. Por eso, nadie puede ser amado ni más ni menos que otro.

El amor especial es producto del ego: «Solo me tienes que amar a mí, me pondré celoso si amas a alguien más». El amor especial es un amor egoísta: «No quiero que nadie reciba tus muestras de amor».

Cuanto menos escuchemos la voz del ego, más amorosos van a ser nuestros actos.

He celebrado las bodas de plata de mi matrimonio y ya no siento el amor que sentía cuando nos casamos.

Aquel amor era un amor especial: solo me amarás a mí y a nadie más. Te dejo que ames a nuestros hijos, pero de ahí no pases.

Llegar a los 25 años con un amor especial es llegar sin amor. El amor que no damos, se pierde. Si no amamos a los que nos rodean, cada vez nos amaremos menos a nosotros mismos.

El ego asocia dar con perder y recibir con quitar y lo asocia a todo, también, al amor.

El Espíritu Santo me dice: «Multiplicas lo que das». Cuanto más amor doy, más amor tengo.

Una madre que ama, lo hace con la misma intensidad a un hijo que a diez. Ama a todos por igual, no tiene preferencias.

Mi marido llega borracho a casa y se cabrea conmigo porque no le tengo la cena preparada. Yo me hago la ocupada y él no soporta mis excusas, da un puñetazo en la mesa y me advierte: «Que sea la última vez».

Yo quiero a mi marido a pesar de su comportamiento. Dialogo con él cuando no bebe, intento que cambie de actitud. Me reconoce, pero noto que cada vez se aleja más de mí. Ya me ha pegado tres veces. Decido seguir amándolo, pero en la distancia. Me voy a vivir a casa de mis padres.

Ante una situación de este estilo, tengo dos opciones: el rechazo, el juicio y la venganza o la decisión amorosa que acabo de tomar.

El amor no me exige sacrificios. He de seguir amando a mi marido, pero debo evitar sufrir por ello. En una situación así, todo mi poder está en el Espíritu Santo. Sería absurdo acudir al Espíritu Santo si en mi corazón hubiese odio o venganza. En mi corazón hay amor, por eso el Espíritu Santo hará su trabajo.

El amor todo lo puede y todo lo consigue. Recordemos aquí la historia de santa Mónica y Agustín de Hipona.

En el ejemplo anterior, la voz del ego me va a insistir en que denuncie el caso por maltrato; la voz del Espíritu Santo me va a decir lo mismo, pero desde una actitud amorosa.

Para terminar este capítulo tan importante, lo mejor será tener una conversación amigable con el mismísimo Dios:

—Hola, Dios. ¿Cómo estás? ¿Qué tal has pasado el día?

—Hola, Juan. Estoy bien y a ti también te veo bien.

—Sí, la verdad estoy contento de poder hablar contigo. Hacía tiempo que lo quería hacer, pero como eres tan importante, ya sabes, me daba reparo.

—No te preocupes, Juan, yo no me como a los niños. Quiero que los niños vengan a mí y tú eres un niño precioso. Te digo una cosa muy personal: cuando te hice, me quedé muy satisfecho.

—Gracias, Dios, pero quiero decirte una cosa: el otro día fui a robar unas manzanas al huerto de mi vecino.

—¡Ay, pillín! Sí, te vi. Pero ¿por qué no fuiste a tu propio huerto? Allí tienes todo tipo de frutas y están todas a punto para comerlas.

—¡Ay, Dios, qué sorpresa! No sabía que tenía un huerto a mi disposición. Yo creía que tú solo te preocupas del alma.

—Juan, me preocupo de ti. Tú eres mi pasión. Tú eres todo para mí.

—Entonces, querido Dios, ¿no me vas a castigar por lo que hice?

—Me lo pensaré, Juan. Quizás sí te ponga un castigo.

—¿Cuál? No me asustes, Dios, ahora que he empezado a coger confianza contigo.

—Quiero que vayas a tu huerto, que recojas las mejores frutas y se las lleves a tu vecino con esta dedicatoria: «De tu amigo Juan».

—Acepto el castigo, Dios. Pero no sé dónde está mi huerto y me da miedo que mi vecino se enfade al verme.

—Juan, al huerto te llevaré yo. Te correrás de gusto cuando lo veas. De tu vecino no te preocupes, vive solo y se va a llevar una gran alegría con tu visita.

—Dios, ¿cuándo quieres que cumpla el castigo? Tengo muchas ganas de hacerlo.

—Me alegro, Juan, de que vayas sintiendo otras emociones. No te imaginas lo que tengo preparado para ti, ladronzuelo.

—¡Uaaa! Gracias, Dios. Me voy a cumplir el castigo.

La sexualidad

El sexo y el amor son los dos temas más recurrentes en todas las literaturas del mundo.

Son muchos los que tienen la impresión de que al tratar un tema espiritual el sexo no tiene plaza.

Sin embargo, tanto por mi experiencia personal como por lo que nos dice *Un curso de milagros*, la sexualidad es un tema que debe tener, en este libro, un tratamiento especial.

El juicio que voy a emitir aquí sobre el enfoque que voy a dar de la sexualidad tiene su riesgo, pero creo que es fiel al eje conceptual de lo que expresa *Un curso de milagros*.

El dolor físico y el placer físico son pruebas evidentes de que soy un cuerpo.

El placer físico y el dolor físico los experimentamos en el cuerpo. Este dolor o placer no transciende espontáneamente a nuestro mundo espiritual.

Extrapolando este concepto podría decir: sentir placer sexual no implica que pueda llegar a sentir un placer o goce espiritual.

Estar en una relación sexual, contemplada desde la perspectiva del cuerpo, es similar a estar disfrutando de una suculenta comida. Son dos actividades totalmente relacionadas con el cuerpo. Ninguna de ellas, *per se*, me acerca ni me aleja de Dios.

El placer de sentir a Dios provoca un estado de paz interior que nada tiene que ver con el orgasmo o placer sexual.

El placer sexual nos produce una alteración en el ritmo cardíaco. El placer de sentir a Dios se vive en paz y sosiego, el corazón físico no se entera.

Otro asunto importante al hablar de la sexualidad es hacer el amor. No podemos confundir hacer el amor con otra persona con amar a esa persona.

Hacer el amor es una acción que se produce entre los cuerpos; amar es una actividad espiritual, alejada de toda sensación corpórea.

A través del placer y del dolor nunca podremos derivar la existencia de nuestro verdadero ser.

Nuestra esencia real está en otro plano. No podremos pasar, espontáneamente, del cuerpo al espíritu ni podremos utilizar una cosa para la otra.

El placer sexual está en el plano del cuerpo. Este plano lo podemos considerar como un plano inferior al del espíritu.

El ego nos quiere hacer ver que una relación íntima con mi pareja, basada en el amor, puede llegar a tener connotaciones espirituales. Gran error; la relación íntima se queda ahí, no tiene, por sí misma, ninguna transcendencia espiritual.

En todo lo relacionado con mi cuerpo físico, no hay nada espiritual, ya que mi cuerpo físico es la consecuencia de mi separación del Padre. Mientras me considere separado del Padre, no se producirá ningún goce espiritual en mí. Cuando yo acepte que el Espíritu Santo me tome de la mano, en ese momento se producirá en mi interior un estado de paz. En ese estado de paz es donde yo puedo olvidarme del cuerpo.

Así se puede entender que una persona que ha llegado a un nivel alto de comunicación con su Espíritu Santo, pase de tener sexo.

Esa persona, en ese estado, no sacrifica el placer sexual ni desprecia el sexo, sencillamente no lo necesita. Esta persona puede llegar a expresar que el estado de éxtasis en que se encuentra no tiene ni punto de comparación con el placer físico.

En este punto viene bien recordar los versos de Teresa Sánchez de Cepeda Dávila y Ahumada, Santa Teresa de Jesús:

Vivo sin vivir en mí,
y tan alta vida espero,
que muero porque no muero.

—Hola, Juan. Estás tocando un tema muy interesante, yo creo que la mayoría de los hombres y mujeres que vivimos en este mundo, vivimos motivados por el sexo. Si no fuera por el sexo, no llegaríamos al matrimonio y, por tanto, en una generación se acabaría el mundo. Si no fuera por el sexo, nadie se haría político y, por tanto, seriamos ingobernables. Si no fuera por el sexo, la vida sería tremendamente aburrida: nadie se vestiría guapo; nadie se pondría perfumes; nadie sonreiría; nadie tendría interés por nadie, todo el mundo estaría en otros placeres que nos impedirían pasar por las puertas. ¿No te parece que esto es así?

—Sí, me parece bien lo que dices, pero hablas del sexo como si todo en nuestra vida dependiera de él y ese es el error que tú estás cometiendo y que cometemos muchos seres humanos.

—Dime, ¿qué otras cosas tenemos que nos motiven para vivir en este mundo?

—Sí, hay otras cosas como la vanidad; el deseo de tener cosas; las ganas de dominar; la capacidad de disfrutar de la cultura; el interés por lo bello; el amor, y, si me apuras, hasta esa chispa espiritual que todos experimentamos en momentos de nuestra vida.

—¡Qué bueno! Me gusta esto último que has dicho. Yo noto en mi interior, a veces, ese deseo de comunicarme con algún ser de luz, noto como que quiero experimentar algo superior. Sin embargo, te digo algo muy íntimo y personal: rechazo esos impulsos porque si tiro por ahí, voy a perder muchas cosas buenas de este mundo, entre ellas el placer sexual.

—Correcto, Luis. ¡Qué grande eres! Porque eres sincero, dices lo que sientes sin dejarte llevar por lo que piensen los demás. Te diré que no es solamente el miedo a perder el placer sexual, sino también a perder todo el resto de placeres con que regalamos al cuerpo: las vacaciones en Bora Bora; el perfume caro; el coche de alta gama; el abrigo de visón, y las comidas en restaurantes tres estrellas.

—Gracias, Juan, eres muy amable. Te confieso que este miedo a perder me desmotiva mucho para tomar otra ruta, tengo una tendencia a hacerle caso al dicho: «Más vale pájaro en mano que ciento volando».

—Te entiendo, Luis. Es difícil renunciar a algo que tienes a cambio de una promesa. Si alguien nos promete el cielo, lo rechazamos. Preferimos vivir en este valle, llorando, pero sigue, que aún te lo voy a poner más difícil. Para que nuestro compromiso con el cuerpo sea mayor, los poderes públicos nos garantizan el estado del bienestar.

—¡Maravilloso!

La verdad es que no lo tenemos nada fácil para olvidarnos del cuerpo y subir de nivel con tantos placeres y bienestar, ¿quién se arriesga a subir al piso de arriba?

Además, tenemos a un señor llamado ego que nos anima diciendo: «Tranquilo, que, si te cuidas, vivirás hasta los 100 años».

Luego se ríe porque sabe que a partir de los 65 ya no te hace caso nadie, pero sigue insistiendo: no está todo perdido, todavía te quedan los nietos, los placeres y el estado del bienestar.

Y de nuevo el ego se está riendo más a gusto porque sabe que los nietos molestan, que los dientes ya no funcionan correctamente, que ya no ves tres en un burro y que el aparejo no sirve.

Como ya he dicho más de una vez, con este libro no te quiero convencer de nada, solo deseo que reflexiones.

Otra vida es posible. Será conveniente poner el GPS para buscar otra ruta.

¿Qué hacemos, a lo largo de toda nuestra vida, acumulando bienes, inmuebles y dinero, muchas veces sin querer disfrutar de los placeres, pensando solo en reunir «tesoros», que pronto vamos a tener que dejar en el armario?

A pesar de todos los placeres de la carne y de los huesos, que la vida humana acabe en un cementerio o crematorio, ¿a quién le puede estimular?

Quiero dar un giro a esta conversación para ver si encontramos un hilo de esperanza.

Hemos encarnado en un cuerpo y tenemos delante de nuestros ojos la proyección de lo que hay en nuestra mente. Todo pasa muy rápido y, a veces, los acontecimientos tienen tintes caóticos. Todo aparece y desaparece en un chasquido, hasta el placer más intenso dura unos breves segundos, como si tuviera miedo de gastarse.

Claramente todo esto no puede tener consistencia porque le falta una pieza fundamental: la continuidad.

Este proyecto es efímero. ¿Compensan tantos placeres para tan poco tiempo?

En este proyecto humano en el que estamos tan comprometidos no solo falla la continuidad, sino que falla también la organización.

¡Demasiados conflictos surgiendo por todas partes! ¿A dónde vamos? ¿Cuál es nuestro destino?

Los pesimistas se suicidan y los optimistas se cagan de miedo. Ya nos estamos dando cuenta de que este mundo en que vivimos no puede ser real, no lo aguanta ni la madre que lo parió.

Alguien nos tiene que salvar y no va a ser el cabrón del ego, que tira la piedra y esconde la mano. No tenemos otra opción que volver a la casa del Padre. Allí comeremos calentito y podremos pasear por el jardín, embriagados con los perfumes del paraíso.

La cuántica nos dice: «Si somos observadores, somos protagonistas». Desde este concepto cuántico, podemos dar un paso hacia adelante.

Contemplando la maravilla del Universo, resulta que, según la cuántica, somos los protagonistas.

¡Que arree el que no lo entienda y que vaya a la escuela para aprender que es eso de la cuántica!

Antiguamente, los que seguían el camino de Dios, se recluían en monasterios y se paseaban por sus claustros, apenas sin comunicarse entre ellos, vestidos con túnicas oscuras. Generalmente llevaban pocos adornos, alguna cruz en el pecho o un escapulario y poco más. La cabeza rapada para evitar que anidaran los piojos y con un semblante serio para dar muestra de que eran religiosos. Rezaban mucho y cantaban bastante.

Los tiempos han cambiado y, hoy en día, los que queremos seguir el camino de Dios no necesitamos todos estos atuendos ni necesitamos desplazarnos a un lugar recogido; podemos llevar nuestra vida normal, incluso podemos disfrutar de todos los placeres. No necesitamos dejar nada.

Únicamente se nos pide desear y poner nuestra voluntad. El resto no lo haremos nosotros. Pasaremos por una fase de preparación antes de llegar al Conocimiento, pero, ya en esta fase, podremos degustar la paz.

El Padre sabe los placeres que tenemos y se alegra que los disfrutemos. No nos pide ningún sacrificio, no quiere que perdamos nada. Nos ha puesto de guía al Espíritu Santo que es un tipo simpático y ameno.

El Padre y el Espíritu Santo, compinchados, ya nos tienen reservados otros placeres muy jugosos. Si comenzamos a caminar, la ruta será larga, pero entretenida.

El Espíritu Santo seguro que nos va a coger de la mano y nos va a llevar, poquito a poco, a donde Él quiere que estemos. No nos pide que eliminemos nuestras relaciones especiales, solo nos pide que las transformemos.

Tener una relación sexual responsable no es un impedimento para acercarnos a Dios.

A medida que vayamos progresando en el camino espiritual, muchos de estos deseos físicos, por sí mismos, se irán diluyendo.

El deseo sexual será el último en diluirse, antes desaparecerán los perfumes, los coches, las comilonas, las muestras de grandeza.

Esto nos demuestra que el Espíritu Santo no nos pide sacrificios, solo nos pide un cambio de mentalidad. En realidad solo nos pide que nos dejemos llevar de su mano.

Las personas que han llegado al éxtasis de sentirse uno con el Padre han manifestado que sienten una felicidad infinita. Esto ocurrió en la transfiguración de Jesús en el monte Tabor:

En presencia de Pedro, Santiago y Juan, Jesús se llena de luz y se transfigura. Se escucha una voz: «Este es mi Hijo el amado, en quien me he complacido: escuchadle». Aparecieron los profetas Moisés y Elías.

Pedro, entonces, tomó la palabra y dijo a Jesús: «Señor, ¡qué bien se está aquí! Si quieres, haré tres tiendas: una para ti, otra para Moisés y otra para Elías».

Muchas veces asociamos culpa con sexo. Como si el sexo fuera algo que nos hace pecar. Una relación sexual responsable nunca será pecado.

El ego nos propone: «Persigue el placer y evita el dolor». Y, por otra parte, el ego nos hace ver que el placer lleva asociado una culpa. Ahora lo pagas porque te fuiste de parranda.

Hay otros placeres que nos proporciona la vida: el de una buena comida; el de una conversación agradable; el de un aplauso; el de leer un libro; el de bailar; el de ir de compras; el de echar la siesta; el de abrazar a mi hijo; el de escuchar a Wagner…

Son infinidad los placeres que nos proporciona el cuerpo. Quizás el más intenso puede que sea el placer sexual, pero también es el más breve.

Nadie se tiene que sentir culpable por disfrutar de estos placeres.

Una parte de la sociedad rechaza los placeres sexuales por impuros. Quizás el hecho de que los órganos sexuales estén compartidos por los órganos fecales sea el motivo; pero, más bien, son la cultura y organizaciones muy ideologizadas las causantes de este rechazo.

La conclusión sería: nunca nos sintamos culpables por haber proporcionado a nuestro cuerpo algún tipo de placer, siempre que lo hagamos de manera responsable.

Ahora que ya hemos aclarado lo básico, veamos qué nos dice el curso en referencia a los placeres externos. En el capítulo 1 apartado VII, párrafo 1, nos dice:

Tus percepciones distorsionadas producen una densa envoltura alrededor de los impulsos milagrosos, dificultándoles que lleguen a tu conciencia. La confusión de los impulsos milagrosos con los impulsos físicos es una de las distorsiones básicas de la percepción.

Siguiendo en el mismo párrafo, el curso me dice:

No te engañes a ti mismo creyendo que puedes relacionarte en paz con Dios o con tus hermanos a través de algo externo.

Estos dos párrafos son muy interesantes, pero precisan de una aclaración:

¿Qué es una percepción distorsionada? Una percepción distorsionada es una manera de ver una cosa de forma distinta a como es. Ver una pared pintada de azul es una percepción distorsionada, porque, en realidad, la pared es blanca.

Al volver del trabajo, mi pareja no está en casa y pienso que se ha ido a divertirse por ahí. Es una percepción distorsionada porque mi pareja ha tenido que acompañar a la vecina a urgencias y no le ha dado tiempo a llamar.

El curso, cuando habla de percepción distorsionada, se está refiriendo a nuestra identificación con el cuerpo. No nos olvidemos de que el cuerpo es una consecuencia de la idea equivocada de considerarnos separados del Padre.

Teniendo en cuenta esto, la identificación con el cuerpo no es la identificación con lo que realmente somos. Somos el Hijo de Dios, no somos un cuerpo. Por esta razón, el identificarnos con el cuerpo es una percepción distorsionada: percibimos lo que no somos.

¿Qué son los impulsos milagrosos?

Nuestra mente puede tener dos tipos de pensamientos: los que provienen del sistema de pensamiento del ego y los que provienen del Espíritu Santo.

Los impulsos milagrosos son chorros de energía que llegan a nuestra mente, procedentes del Espíritu Santo.

El curso nos dice que la percepción distorsionada, es decir, nuestra identificación con el cuerpo, produce una densa envoltura alrededor de los impulsos milagrosos.

¿Qué significa densa envoltura?

Densa envoltura significa un espacio de materia densa que envuelve algo. Una densa envoltura es un impedimento para que llegue una cosa a su destino con fluidez.

En este caso, la identificación con el cuerpo (percepción distorsionada) es la que produce esa densa envoltura que impide que lleguen a nuestra mente los chorros de energía (impulsos milagrosos) que nos manda el Espíritu Santo.

Los impulsos milagrosos provienen del Espíritu Santo y, por tanto, son como el medicamento y las vitaminas que necesita nuestro ser divino que somos.

Si la mente todo lo direcciona hacia el cuerpo, estos impulsos milagrosos dejan de ser eficientes. Es energía que se pierde y, como consecuencia, se produce una ralentización en nuestro proceso de evolución espiritual.

Identificarnos con el cuerpo significa tener nuestra mente siempre dispuesta a satisfacer los caprichos del cuerpo. Uno de los caprichos más fuertes es el impulso sexual y este es la causa del placer sexual.

Cuando vivimos por y para el cuerpo, nuestro proceso de evolución espiritual sufre un frenazo, pero esto no significa que se detenga.

Voy a terminar el capítulo con un comentario sorprendente. El impulso sexual es un impulso muy energético y se puede producir cuando un impulso milagroso se direcciona hacia el cuerpo. Por esta razón, la energía sexual y los pensamientos del Espíritu están muy ligados.

Las personas especialmente sexuales tienen un gran potencial porque pueden reorientar esos pensamientos milagrosos hacia la dirección correcta y no tanto hacia la identificación con el cuerpo. Esta es la razón por la que antiguamente se consideraba que la castidad era un método eficaz para poder santificarse.

En realidad, se trataba, y aún se trata, de dirigir los impulsos milagrosos hacia pensamientos espirituales.

En aquel caso se cometió el error de forzar a cualquier joven a que se convirtiera en seminarista o junior. Luego venía el voto de castidad. Sin embargo, el impulso sexual es tan fuerte que, en la mayoría de los casos, produjo trastornos mentales con consecuencias muy desagradables que aún, hoy día, se están produciendo.

Cuando nos dejamos llevar por el impulso sexual, perdemos la inspiración, lo cual provoca un descontrol mental. La mente ya no tiene capacidad para responder a estos impulsos.

Cuando el impulso sexual es controlado por la mente, sí puede convertirse en un chorro de energía espiritual. Ejemplos: Saulo y Agustín de Hipona.

Otro efecto a tener en cuenta:

Cuando recibimos un impulso milagroso y nos dejamos llevar por un impulso sexual, el placer sexual que este impulso provoca nos va a producir un bajón en nuestro proceso espiritual. Ambos impulsos llevan mucha energía: si gastamos mucha en uno, nos queda menos para el otro.

El curso nos dice:

Todo placer real procede de hacer la voluntad de Dios.

Aquí tendríamos que aclarar en qué consiste el placer real y qué significa hacer la voluntad de Dios.

Nunca hemos experimentado el placer real, por lo tanto, no lo podemos describir. Sí hemos experimentado el placer sexual, por eso nos aferramos a él como algo real.

Comprender en qué consiste hacer la voluntad de Dios nos puede resultar más fácil, ya que en el mundo físico no sentimos un gran atractivo por otras voluntades. No hacer la voluntad de Dios es negar el ser que somos: la expresión del amor de Dios.

El sexo nos resulta atractivo porque valoramos aquello que creemos ser. Como creemos ser un cuerpo, creemos que a través de él nos sentimos en plenitud.

Vivir en pareja produce, con el tiempo, una limitación del impulso sexual y esta limitación produce también un bajón del impulso espiritual, porque se ha producido un bajón de energía.

El vivir solo provoca un aumento de las fantasías sexuales y, por lo tanto, un mayor impulso sexual y, por lo tanto, una mayor energía.

Si somos capaces de canalizar esta energía siguiendo la voluntad de Dios, podríamos justificar el vivir solos. Esto es lo que ha ocurrido a través de los siglos con las órdenes monásticas. En muchas ocasiones no ha ocurrido así: los monasterios han sido cárceles insoportables y gérmenes de impulsos sexuales no responsables.

La naturaleza humana nos marca el deseo de vivir en pareja. Negar esta condición tiene mucho riego. Vivir en pareja y cumplir la voluntad de Dios supone pasar de una relación especial a una relación santa.

Vivir un periodo de soledad nos puede llenar de energía y de Conocimiento. A partir de ese momento, vivir en pareja se puede transformar en una relación santa.

No nos olvidemos de que el impulso sexual, canalizado responsablemente, es una fuente de energía inmensa.

La sexualidad es una fuente de energía muy grande. No se trata de reprimirla, se trata de encauzarla para que vaya generando vida, tanto física como espiritual. La sexualidad tiene que ser la antesala del amor.

Dualismo, no dualismo puro

El conocimiento de lo que eres es más cierto ahora y el amor no ha olvidado a nadie. Llegará el día en que el mundo cantará la canción del espíritu en lugar de los tonos llorosos que ocultan la voz de la verdad. Llegará el día en que no quedará nada por perdonar y podrás celebrar con tus hermanos y hermanas.

Y después llegará el día en que no habrá más necesidad de días. Y viviréis como uno por siempre en la santidad de vuestra realidad inmortal.

Gary Renard, *La desaparición del universo.*

El mensaje que subyace en esta cita es que los seres humanos no estamos separados de Dios y que todos somos uno.

—Hola, Luis, ya estoy acabando este libro y espero que por lo menos a ti te sirva de algo. Después de tanto rollo, creo que es necesario y deseo que te quedes con el siguiente mensaje: «Dios es tú y tú eres Dios». Espero que al leer esto no te me pongas bravo.

—No me voy a poner bravo porque ya te voy conociendo, pero sí que quiero hacerte una pregunta: ¿te crees tú lo que acabas de decirme?

—Sinceramente, del todo no.

—Entonces, ¿por qué me dices a mí lo que tú no crees?

—En principio no te lo digo a ti, lo digo sin más. Es como tirar el anzuelo y esperar a que alguien pique. Por otra parte, y a medida que lo voy analizando, no me parece una idea tan utópica, es más, al practicar alguno de los ejercicios que explico en este libro, siento como una voz en mi interior que me dice: «Juan, vas por el buen camino».

—¡Qué bien, Juan! ¿Me podrías decir cuáles son esos ejercicios que haces?

—Claro que te los digo: evito juzgar y criticar a las personas de mi entorno; no le doy importancia a la mayoría de las cosas que me pasan; procuro eliminar de mi mente todo lo que no es muy importante; por la noche, antes de dormir, le ofrezco al Espíritu Santo todo aquello que me preocupa y, también, aquellas cosillas que, tú ya sabes, son un poco… ¡Uf! Le digo a mi Espíritu Santo que cuide de uno o dos de mis amigos/as (cada noche los voy cambiando) y algunas cosillas más.

—Por lo que me dices, no parecen cosas del otro mundo.

—Claro que no lo son, seguro que cuando empieces tú a hacer lo mismo, tendrás la sensación de que te vas quitando peso de encima, de que cada vez eres más liviano y que puedes caminar más deprisa y, por supuesto, notarás un cosquilleo muy agradable en tu interior.

—Me animo, Juan, voy a ir probando.

Pasar de la sombra a la luz intensa no es fácil. Pasar de la ignorancia al entendimiento tampoco es fácil, pero intentarlo, al menos, tiene un punto de aventura.

Aunque hay una expresión muy castiza que dice: «*Primum vivere deinde philosophari*». La filosofía es el arte de pensar con orden y esto es lo que quiero exponerte ahora.

A mediados del siglo XVII, Baruch Spinoza vivía en Ámsterdam, fue un filósofo judío, excomulgado por sus propios correligionarios por verter opiniones transgresoras sobre Dios, el alma y el judaísmo.

El pensamiento de Baruch de Spinoza tiene un punto de partida muy sólido: Dios.

De esta época se le atribuye la frase: «Los filósofos mediocres empiezan por las cosas».

René Descartes, filósofo francés que había nacido a finales del siglo XVI, había empezado a pensar a partir del «Yo».

Spinoza, a pesar que era un gran admirador de Descartes, pretende corregir su pensamiento y empezar por algo más sustancioso y necesario: Dios.

Para colocar todas las piezas del tablero, voy a hacer un breve comentario de la Filosofía Escolástica. A Anselmo de Canterbury, nacido en Aosta (Italia) el año 1033, se lo considera el padre de la escolástica. Suya es la siguiente afirmación: «Dios es aquel del que nada más grande que Él puede ser pensado».

La Filosofía Escolástica intenta integrar la fe y la razón, pero siempre, esta última, bajo el dominio de la fe.

Este modelo filosófico dura desde el comienzo del siglo X hasta su decadencia en el siglo XIV, es decir, dura toda la Edad Media.

El pensamiento escolástico pretende llegar a Dios a partir de las cosas sensibles.

Baruch de Spinoza pretende dar la vuelta a la tortilla; pretende llegar a las cosas sensibles a partir de Dios.

René Descartes se queda a medio camino, pretende llegar a las cosas sensibles a través del «Yo».

Este es el esquema de pensamiento de las tres corrientes filosóficas de la época.

Spinoza define a Dios como «la sustancia que consta de infinitos atributos», y a la sustancia la define como: «aquello que existe en sí».

Ahora introducimos la cuarta pata: Aristóteles.

Aristóteles, filósofo griego nacido hacia el año 385 a. C., fue considerado uno de los mayores genios de la historia y el pensador de mayor influencia en la cultura occidental. Suya es la frase: «Considero más valiente al que conquista sus deseos que al que conquista a sus enemigos, ya que la victoria más dura es la victoria sobre uno mismo».

Para Aristóteles sustancia es «el sujeto de predicación». Esto significa que sustancia es aquello de lo que se predica algo y, a su vez, no es predicado de nada.

Ejemplo: Montaña alta. «Alta» se predica de montaña, pero «montaña» no es predicado de nada.

En este caso «montaña» es sustancia y «alta» es un accidente precisamente de esa sustancia.

Siguiendo este razonamiento podríamos decir que «sustancia» es lo que existe en sí mismo y «accidente» es lo que existe en otro. Por lo tanto, «sustancia» tiene una autonomía en sí misma. «Montaña» puede existir por sí misma, sin embargo, «alta» no puede existir por sí misma. No obstante, según Aristóteles, para que algo sea sustancia no necesita que tenga una autonomía absoluta.

Sin embargo, para Spinoza «existir en sí» pasará a significar «existir por sí», es decir, para que algo sea sustancia, tiene que tener una autonomía absoluta. Con esta concepción solo Dios puede ser sustancia, ya que es el único ser de la creación que no necesita de nada para existir.

Para Spinoza, Dios es la única sustancia absoluta. Esta es infinita, única y necesaria. Por esto, Spinoza afirma que Dios es *causa sui*, causa de sí mismo.

Con esta expresión, Spinoza no quiere decir que Dios, antes de existir, fuera la causa de su propia existencia, pues eso sería una contradicción; lo que quiere decir es que Dios tiene en sí la causa de su existencia. Esto significa que Dios existe necesariamente, es decir, su esencia implica su existencia.

Sigamos con Spinoza, que da para mucho.

Spinoza define a Dios como «la sustancia que consta de infinitos atributos». Los atributos son expresiones o manifestaciones de la esencia de Dios ante el entendimiento. En realidad, el atributo pertenece a la sustancia, no puede ser algo distinto de la sustancia. Podríamos decir que el atributo es la sustancia expresada de una forma concreta.

La sustancia tiene infinitos atributos, nosotros solo conocemos dos: el pensamiento y la extensión.

El pensamiento corresponde al mundo espiritual y la extensión corresponde a la materia (el cuerpo de una persona, un árbol, una piedra, etc.).

La extensión (nuestro cuerpo) es un atributo de Dios y, por lo tanto, no es algo separado de Él.

Por otra parte, Dios es una causa inmanente. Inmanente es aquello que está en el interior de un ser. Fuera de Dios no hay nada, por lo tanto, todo lo que Dios causa no puede ser exterior a Él; tiene que ser interior a Él.

Lo que Dios causa, permanece en Él formando parte de Él. Por eso «todo está en Dios y Dios está en todo».

—Luis. Después de este argumentario, ¿entiendes ahora por qué te dije antes: «Dios es tú y tú eres Dios»?

—Muy bien, Juan, pero todo ese análisis es la opinión de unos cuantos filósofos y, en este mundo, no todos somos filósofos.

—De acuerdo, Luis, será una opinión de los filósofos, pero, dime, ¿qué otras opiniones conoces tú sobre este tema?

—Claro que conozco, Juan. En la Biblia, concretamente en el Génesis, ya se habla de un Dios Creador.

—Ahora te pillé, Luis, has picado en el anzuelo. Sí, es cierto eso, pero ese Dios creador es un Dios externo a nosotros y en lo que te acabo de explicar Dios y nosotros somos una misma cosa. Para más inri, te voy a dar otra prueba de que Dios y nosotros somos una misma cosa. Sigue mi razonamiento: en el libro *La desaparición del universo,* de Gary Renard, se habla con mucha claridad del dualismo. A continuación, te voy a mostrar una sinopsis de estos dos conceptos dualismo y no dualismo puro.

»En el siglo XVII, el filósofo René Descartes ve el mundo dividido entre mente y materia. Un siglo después, Newton continúa con la misma idea dual. La física newtoniana está dividida entre sujeto y objeto. Para Newton el sujeto es el ser humano y el objeto es todo lo demás, considerando todo lo demás lo que está fuera de él. Bajo este concepto dualista se construyen la mayoría de las ideologías en occidente, por ejemplo: patrón-obrero; rico-pobre; bueno-malo, y también la idea de que Dios está ahí y nosotros aquí.

»A Dios lo sentimos como algo distante de nosotros y como alguien invisible. Sin embargo, al mundo en que vivimos lo sentimos como inmediato y real. Esto nos lleva a un pensamiento de no unidad, lo que es lo mismo, a un pensamiento dual. Partiendo de esta idea dual, nuestra mente proyecta un mundo fragmentado e individual. Vivimos una experiencia de separación. Nuestro yo individual está separado de Dios. En la concepción dualista se nos muestran dos mundos diferenciados: el mundo del ser humano y el mundo de Dios, o si lo prefieres: el cuerpo y el alma, considerando a ambos como válidos y reales. Esta dualidad que percibimos en el universo es un reflejo de la dualidad que proyecta nuestra mente.

»Y en nuestra mente, esta dualidad se representa por medio de los «opuestos». Para nuestra mente todo es: bueno o malo; alto o bajo; caliente o frío; amor u odio; vivo o muerto; *yin* o *yang*; hombre o mujer, y, así, un larguísimo etcétera. Los opuestos son símbolos de separación diseñados por nuestra mente con el fin de enmascarar la verdadera realidad. Lo bueno y lo malo; el bien y el mal; el hombre y la mujer son conceptos falsos. No existen los buenos mezclados con los malos.

»Ya sé, Luis, que te estás poniendo nervioso porque no puedes contradecir mi razonamiento. Tómate la pastilla de los nervios, que aún me queda algo que decirte. Te podría hablar de dos pasos intermedios: el «semidualismo» y el «no dualismo», pero no te quiero tan mal, solo te voy a hablar del «no dualismo puro».

El «no dualismo puro» se produce cuando la mente, que es quien fabrica la ilusión, elige ir completamente en contra de sí misma y a favor de Dios. En este estado de puro no dualismo, no existe el universo y tampoco existo yo como cuerpo y como individuo. Solo existo como espíritu.

En el puro no dualismo, ya no puedes tener todas las cosas que crees que tienes. Ya no puedes tenerte a ti y a Dios. Ya no puedes tener a este universo y a Dios. En este estado de no dualismo puro solo existe Dios y yo en Él. En este estado reconocemos la auténtica unidad, es decir, que todos los seres humanos que estamos viviendo aquí somos uno y uno en Dios. Esta es la auténtica realidad. Nos damos cuenta de que lo que hagas o no hagas, no importa nada. Lo único que importa es tu actitud, tu deseo de vivir este nuevo estado de no dualismo puro.

- En el no dualismo puro, el cuerpo no es real.

Esto es lo que quiso enseñarnos Jesús de Nazaret con su experiencia de la crucifixión. En realidad, lo que Él era no lo podían tocar, no podían hacerle ningún daño, no podían matarlo, como así se demostró a los tres días: no lo habían matado.

En el mundo del sueño en el que estamos viviendo, creemos que sí mataron a Jesús de Nazaret, creemos que su cuerpo fue crucificado y los que lo hicieron, creyeron que lo crucificaban.

En este proceso hacia la consecución del estado de no dualismo puro no debes sentirte mal ni culpable porque cometas errores (pecados para ti). Solo tienes que aceptar, responsablemente, todo lo que haces y permitir, eso sí, al Espíritu Santo que corrija continuamente todos los errores que vas cometiendo.

No tienes que ponerte nervioso porque no consigas ese estado de perfección. El tiempo no existe, es una invención tuya. Llegarás a ese estado seguro, no te quepa la menor duda.

El Espíritu Santo es como el ordenador de a bordo que llevan los aviones y que continuamente está corrigiendo el rumbo. Todos los aviones llegan con precisión a su destino.

Cuando cometemos un error, o para nosotros un pecado, la actitud debe ser dejarnos corregir. A lo bueno y a lo malo de este mundo no hay que darle tanta bola: se vive, se acepta y punto.

Únicamente tenemos que darnos cuenta que solo Dios existe y yo en Él. Él es puro amor y yo soy su amor. Soy el amor de Dios. Y esta falsa realidad que estamos viviendo aquí, vívela sin darle ninguna importancia; disfruta lo bueno que hay en ella y punto.

En este mundo de fantasía que vivimos, queremos disfrutar de los dos mundos: el mundo de la ilusión y el mundo real. Esto es imposible; lo correcto es ir haciendo el trasvase del mundo de la ilusión al mundo real. En realidad, lo que debemos hacer es renunciar a nada a cambio de tenerlo todo.

Lo correcto es tener la completa dependencia de Dios e ir de la mano de nuestro guía: el Espíritu Santo.

No tenemos que hacer nada, ni perdonar siquiera, porque el que perdona, en realidad, es el Espíritu Santo.

No es fácil alcanzar este estado, ya que resulta aterrador porque implica la renuncia a la individualidad o a la identidad personal.

—Presiento que te estás acojonando, Luis. Olvídate de tu lindo cuerpecito. Pasa de aquel lujoso chalet, no lo necesitas. Estás atrapado por la vanidad y el miedo. No te das cuenta, pero estás soñando. Te diría que tienes mucha suerte de que todo lo que estás viviendo sea un sueño. Si no fuera así, irías a parar al hoyo y a la nada. Sí, amigo, vamos a seguir eternamente siendo amigos y un poquito más que amigos. Date una oportunidad, no está todo perdido.

Las almas separadas son un pensamiento erróneo en nuestra mente. La realidad es que solo existe Dios. No puedo tenerme a mí mismo como individuo y tener a Dios. No puedo tener el universo y tener a Dios. Ambas cosas son excluyentes.

—Luis, sé que crees en Jesús de Nazaret y en todo lo que nos enseñó, por eso, te cuento que todo lo que Jesús de Nazaret nos enseñó fue un no dualismo puro y, también, te voy a decir algo que quizás no te guste: la historia que nos han contado de Jesús está sustentada en el sistema de pensamiento del ego y este se encargó de interpretarla bajo una concepción dualista: buenos y malos, cielo e infierno. Esta interpretación es completamente opuesta a la enseñanza de Jesús de Nazaret.

El curso de milagros nos permite restituir la verdad no dualista pura que Jesús de Nazaret nos transmitió hace dos mil años.

—Ya he terminado de darte el tostón. Ahora relájate. Tanto si te ha gustado lo que te he contado como si no, te pediría que hicieras dos cosas: abrir tu mente a la entrada del Espíritu Santo para que compita con tu ego y practicar el perdón. Estoy seguro de que, si haces estas dos cosas, muy pronto me llamarás para darme las gracias.

—¿Sabes, amigo, lo que te digo? Me has convencido, no porque crea que lo que me has dicho sea cierto, sino porque no encuentro otro argumentario más verosímil. No puedo ser pájaro y espantapájaros.

El instante santo

Entender lo que es el instante santo puede suponer para nuestras vidas un giro de 180 grados.

Quizás los versos más impactantes de la Generación del 98 sean estos de Antonio Machado:

Caminante, son tus huellas
el camino y nada más.
Caminante, no hay camino,
se hace camino al andar.

Vivir el instante es hacernos eternos y si ese instante es santo, eso es el Cielo. Aprender a vivir cada instante es lo más sabio que se puede aprender en este mundo y convertir cada instante en santo ya es la hostia.

Para lograr vivir cada instante, lo único que debemos hacer es eliminar de nuestra mente todo pensamiento que nos lleve al pasado o que nos dirija al futuro.

Para convertir cada instante en santo, lo que tenemos que hacer es agarrarnos al Espíritu Santo y no soltarnos de Él en ningún momento.

Vivir el instante es dar vacaciones a la mente.

— Si estoy jugando un partido de futbol, el Espíritu Santo juega conmigo. Eso hará que todas las patadas se las lleve el balón y si juego de delantero y tiro a puerta, solo tengo que mirar a la escuadra para que el balón entre por ahí.

— Si estoy trabajando en una fábrica, el Espíritu Santo trabaja conmigo. Mi brazo hace de robot, es el más rápido, no se avería nunca y no se cansa, por eso el encargado me promociona.

— Si estoy cultivando la huerta, el Espíritu Santo cultiva conmigo. Planto el tomate el día que procede, nunca riego cuando llueve y los tomates que recojo saben a tomate.

— Si estoy barriendo la escalera, el Espíritu Santo barre conmigo. Lo mismo barro cuando subo que cuando bajo; el polvo se lo lleva el viento mientras los vecinos bajan por el ascensor.

— Si estoy paseando por el monte, el Espíritu Santo me lleva la mochila. Siento el fresquito de la mañana, veo la hermosura por todos los lados, oigo el gorjeo de los pájaros, me recreo con el perfume del ambiente y saboreo las bayas que voy encontrando.

Vivir el instante santo es, sencillamente, vivir feliz.

Como la mente está de vacaciones, el ego no me molesta y, así, tengo todo el tiempo para hacer caso a lo que me dice el Espíritu Santo.

—Hola, Luis, ¿qué te parece esto del instante santo?

—Me parece que dura muy poco.

—No sabes lo del refrán: «Lo bueno, si breve, dos veces bueno».

—Sí, pero esto es brevísimo. Un instante no es nada, para cuando lo quieres saborear, ya se ha ido.

—No tomes lo del instante santo al pie de la letra. Un instante santo, por el hecho de ser santo, dura toda la eternidad. El cielo es un instante santo.

—Ya no sé si te explicas mal o me quieres liar. Si hablas de instante, hablas de muy poco tiempo, es lo que dice el diccionario, y si no es así, pues no hables de instante.

—El instante es el presente y el presente va cambiando a cada instante, luego el presente es una sucesión de instantes. ¿Lo entiendes ahora?

—A ver, Juan, si me echo un pedo, es un instante. ¿Eso que es presente o pasado?

—Es una marranada si te lo echas en público. Quiero que entiendas bien lo que te voy a decir: si asistes a un concierto, al terminar una obra comienzas a aplaudir. Cada aplauso es un instante y, como estás diez segundos aplaudiendo, eso es una sucesión de instantes. En esos diez segundos estás viviendo el instante. ¿Lo entiendes hasta aquí?

—Sí.

—Ahora bien, ese instante no es santo porque mientras estás aplaudiendo, te crees separado de Dios, de la fuente, del Padre. Para que ese instante de aplausos sea santo, debes llevar a tu mente el pensamiento de que estás agarrado al Espíritu Santo mientras aplaudes. Espero que ahora entiendas mejor lo que es un instante santo.

—Me lo pones muy fácil. Mientras aplaudo, digo para mis adentros: «Estoy agarrado al Espíritu Santo» y con eso, ¿ya estoy viviendo un instante santo?

—Pues casi, sí, pero te falta poner un poco más de entusiasmo y convicción. Mejor sería que emplearas la siguiente expresión, lógicamente, para tus adentros: «Espíritu Santo, quiero que estés conmigo en este instante, quiero convertir todos mis instantes en santos, así que cógeme de la mano y no me sueltes porque la verdad es que me empiezo a sentir mejor así».

—Vale, probaré eso que me dices cuando vaya a un concierto.

—A ver, Luis, eres un sinvergüenza. Eso que te he dicho, lo puedes hacer en cualquier momento de tu vida, incluso cuando te vas a dormir: «Espíritu Santo, quiero que duermas conmigo, que vigiles mis sueños, que me despierte con el corazón alegre, que se note en mi despertar que has estado toda la noche conmigo». Si esto lo vas haciendo cada vez con más frecuencia en tu día a día, muy pronto empezarás a notar sus efectos.

—De verdad, Juan, hoy me has convencido más que otras veces.

—Menos mal. Eres duro de pelar, pero cuando se te pela, se te ve muy sano por dentro. Te cuento una cosa: hay una canción que cada vez que la oigo, me recreo pensando que, aunque me creo separado del Padre, «esto no es olvido, es amor para después».

—Ya he escuchado la canción, la verdad que es bonita, gracias, Juan.

La niñez es la época más feliz de nuestra vida, en realidad, es la época donde somos plenamente felices. ¿Cuál es la razón de esta felicidad? La razón es doble: somos amados y no tenemos miedo.

—Recuerdo cuando mi hija mayor tenía 4 años, que le gustaba perderse. Se iba y se escondía detrás de unas matas.

—¡Uy!, ¿dónde está la niña?, ha desaparecido, gritaba yo nervioso mientras percibía su regocijo y veía un pedacito de su faldita blanca detrás del matorral. Me iba en otra dirección y ella corría a esconderse detrás de otro matojo. Así seguía el juego. La niña era feliz porque no tenía miedo, sabía que sus padres estaban ahí.

Otra historia familiar ocurrió con el tercer hijo. Esta pude ser algo más dramática.

El niño, también con 4 añitos, cogió el adaptador del inflador de mano del colchón de playa y, tan ricamente, se puso a andar entre los bañistas de la gran playa de Castelldefels. ¡El niño ha desaparecido! En esta ocasión sí, con nerviosismo real, todos nos ponemos a buscarlo. Al mar no ha ido porque eso ya vigilamos, pero no se veía por ningún lado. Al cabo de un cuarto de hora es encontrado a más de cien metros. Su rostro era el fiel reflejo de la felicidad.

En la niñez, perderse y esconderse eran los juegos más divertidos: el escondite y tres navíos en la mar.

En esta época de nuestra vida estamos unidos a nuestros padres y esta unión nos aleja del miedo.

La infancia empieza a ser más problemática; descubrimos que no existen los Reyes Magos; a papá lo pillamos enfadado con mamá; a los padres los observamos preocupados por ciertos problemas; los juguetes empiezan a ser escasos; nos enteramos de que se ha muerto el vecino y, lo que es peor, empezamos a escuchar la voz de un ego incipiente que nos está insinuando la idea de que nuestros padres ya no son lo que creíamos que eran.

—Juan, me parece muy cierto lo que acabas de decir. Se me ocurre una idea genial.

—Qué alegría, Luis, yo sé que tú eres un genio. Dime.

—¿Por qué los padres, cuando el niño está entre los 5 y 6 años, no le dicen lo siguiente?: «Mira, Luisito, nosotros los papás somos limitados, no somos todopoderosos. Te queremos mucho, pero hay cosas que no podemos hacer por ti. Sin embargo, hay alguien más poderoso que nosotros que te va a acompañar toda la vida, que va a estar siempre a tu lado y a quien le puedes hablar cada vez que te sientas solo o tengas una necesidad. En definitiva, le estamos enseñando a rezar.

—¡Qué hermosa idea! Solo por lo que acabas de decir, valdría la pena que todas estas cosas que estoy contando se convirtieran en un libro. De verdad, Luis, eres un genio. El niño, a esa edad, entiende lo que le dicen sus padres y, sobre todo, a esa edad aprende a rezar y, lo que es más importante, el niño coge confianza y seguridad con ese Espíritu Santo del que los padres le han hablado. El niño va a crecer con la seguridad que le da su Ángel de la Guarda o su Espíritu Santo y se van a encargar de que ese niño no tenga miedos.

—¿Por qué no se educa así a los niños?

—Porque los padres no fueron educados así. Ten en cuenta que a los padres los educaron unos padres que querían darles lo mejor, que no les faltara de nada, los educaron pensando, únicamente, en que sus hijos vivieran esta vida lo mejor posible y nada más.

—A ver, Juan, una cosa: nuestros abuelos eran muy creyentes, iban todos los domingos a misa y a comulgar, hacían romerías a todas las vírgenes de alrededor, ¿por qué no les inculcaron eso a sus hijos?

—Porque a nuestros abuelos los educaron con la idea de que haciendo eso y siendo buenos, irían al cielo para toda la eternidad y que, si no eran buenos, irían al infierno para siempre. A nuestros abuelos nadie les dijo que eran Hijos de Dios.

La pubertad ocurre entre los 8 y 13 años de edad en las niñas y entre los 9 y 15 años de edad en los niños. Una de las primeras señales de pubertad es el crecimiento de vello donde no había anteriormente. Eventualmente, a los niños les comienza a crecer vello en la cara.

Cuando en el cuerpo comienza la pubertad se empieza a desarrollar la glándula pituitaria (una glándula en forma de guisante situada en la parte inferior del cerebro) y esta es la glándula que comienza a segregar las hormonas sexuales.

La experiencia que vivimos en esta etapa es una experiencia que, generalmente, vivimos solos. Nadie nos explica lo que está ocurriendo en nuestro cuerpo. Es la etapa crucial en el desarrollo del ser humano.

A partir de estos años, tomaremos un rumbo u otro. Nuestra mente también se va desarrollando y el ego toma el mando de nuestras decisiones.

—¿No te parece, Luis, que sería el momento de preparar el terreno de ese/a joven para que se le inoculara el otro personaje de esta historia?

—La verdad, Juan, me extraña que digas eso. No digas inocular, por favor, que eso es algo que se utiliza para meter veneno y el Espíritu Santo, al cual tú te quieres referir, no es ningún veneno.

—Perdona, Luis, cambiemos inocular por introducir. ¿Te gusta más así?

—Está mucho mejor.

Introducir una semilla en el lugar adecuado y en el momento oportuno es la clave del éxito. Hablar a un joven con naturalidad sobre el personaje del Espíritu Santo lo ayudará a caminar por la vida sin miedo.

La siguiente etapa de la vida de un ser humano es la juventud, que comprende las edades entre los 14 y los 26 años.

«Juventud, divino tesoro», pero edad fugaz como todas. Esta es la edad propicia para el desarrollo intelectual. La mente toma el protagonismo. La razón y la experiencia van creando las ideas y estas son como un tatuaje, que puede durar toda la vida.

Llegados a esta edad dejamos de estar condicionados por la familia, los amigos y hasta por los acontecimientos que se van sucediendo en nuestra propia vida. Empezamos a ser libres y a tomar nuestras propias decisiones. Aquí comienza el éxito o la tragedia.

Los dos personajes de esta historia se muestran como enemigos. El que gane la batalla, se llevará el trofeo.

—Me gusta, Juan, lo que acabas de explicar, pero quiero preguntarte, ¿a qué trofeo te refieres?

—Muy bien, Luis, solo existen dos trofeos.

—¿Cuáles son? Por favor, dímelo.

—Los dos trofeos son el amor y el miedo.

—Vaya, Juan. En este contexto, a mí me parece que deberías decir el amor y el odio.

—El odio no existe; el odio es sencillamente la ausencia de amor. Lo contrario al amor es el miedo y es precisamente el miedo lo que debemos eliminar de nuestra vida.

—Me parece que esto da para otra clase, ¿no te parece?

—Sí, pero de momento ya te he inoculado el veneno de la duda.

¿A qué edad empezamos a ser adultos?

Comenzamos a los 27 años y terminamos más o menos a los 59. Esta es la etapa de la producción. Todo lo ocurrido hasta aquí ha sido preparar la tierra, abonarla y sembrar.

El trabajo anterior se pudo hacer de dos maneras distintas: siguiendo las instrucciones del ego o siguiendo las instrucciones del Espíritu Santo.

—Juan, yo estoy en la etapa de la producción y, según tú, tengo pocas posibilidades de producir amor debido a que en mis etapas anteriores sembré poco amor.

—No he dicho eso, Luis. He dicho que había dos maneras de sembrar y que la producción iba a depender de la manera de sembrar. Eso no significa que en el periodo de producción donde tú estás no puedas producir amor. Puedes producir tanto o más amor que aquella persona que sembró todo amor. Lo importante no es cuándo sientes el amor, porque el tiempo no existe, lo importante es llegar a sentir el amor. Piensa, Luis, que tú eres amor, únicamente se trata de darte cuenta que eres puro amor. Cualquier etapa de la vida es apropiada para recibir el amor.

—Me ha parecido un poco largo tu discurso, yo lo que quiero saber es si en este momento de mi vida puedo sentir el amor plenamente o no.

—Quizás sí te he liado un poco, pero te digo, categóricamente, que sí. Cualquier momento de la vida es bueno para darnos cuenta y reconocer lo que somos: puro amor.

—Perfecto. Me queda mucho camino por andar, pero lograré el objetivo, todavía soy joven dentro de mi adultez.

La última etapa de nuestra vida es la vejez. Digamos que comienza con la jubilación.

Vieja es una cosa que ya no sirve para nada, pero también es una cosa que lleva muchos años usándose. En el primer caso nos desprendemos de ella y en el segundo la guardamos como un tesoro.

Los años nos dan experiencia y madurez. Esta es la mejor etapa de nuestra vida para lograr el desarrollo espiritual.

—Aquí no estoy en absoluto de acuerdo contigo, Juan. Cuando uno se jubila, el cuerpo ya está bastante jodido; carecemos de la energía para emprender una nueva vida; nos volvemos muy cascarrabias; no actualizamos el comportamiento humano, y tenemos mucho miedo a morir.

—Todo esto que me cuentas es cierto, pero yo le voy a dar la vuelta a la tortilla. Al jubilarte ya no tienes la obligación de trabajar; el estado te da un subsidio con el que puedas vivir; no tienes ninguna responsabilidad: tus hijos ya son adultos, vives solo o vives con tu pareja, en ambos casos tienes el tiempo para ti; has adquirido conocimientos y tienes experiencia, ambas cosas te favorecen la toma de decisiones. Estás en el mejor momento para comprender lo que eres. Has vivido desengaños, traiciones, desamores, enfermedades y olvidos. Has experimentado lo que es vivir en este mundo. Seguro que te has preguntado más de una vez: «¿Para esto he vivido yo, con todo lo que he pasado?» Seguro que te viene la siguiente reflexión: «¡Qué triste es recordar lo que fui y ver ahora lo que soy!»

—Me están entrado ganas de llorar por el análisis tan realista que estás haciendo de un jubilado: el subsidio no le llega; se aburre sin hacer nada; sus hijos ya se olvidaron de él; su pareja no lo acaricia; le duele el tobillo, y cuando no, la cabeza.

—Ahora eres tú, Luis, el que me hace llorar a mí. Todo lo que vuelves a decir es cierto en la mayoría de los casos, pero hay algo en mi mensaje que no has captado.

—Dime, Juan, ¿qué es eso que no capté?

—Date cuenta, Luis: la vejez es el mejor momento de tu vida para despertar del sueño en que has vivido toda la vida y reconocer lo que eres: el Hijo santo de Dios. Para eso has venido a este mundo y para eso vas a vivir varias vidas más en este mundo o en otros. Todas estas vidas tienen un único objetivo: ir superando etapas hasta lograr reconocerte lo que eres. En esta que está terminando, puedes dar un vuelco y darte cuenta de dos cosas: la primera, que no eres un cuerpo, ya que te vas amando como viniste y la segunda, que tu vida no se acaba; es, sencillamente, un «hasta luego».

A modo de despedida

Luis, te conté unas historias que para ti han sido cosas raras. Tengo que agradecer tus preguntas, tus dudas y tus aparentes incomprensiones porque, con esa actitud, yo he ido aprendiendo lo que te iba enseñando.

La única manera de saber si lo que te he dicho es verdad, estará en experimentarlo. Vivir colgado del Espíritu Santo y aprender a perdonar serán los dos ejercicios a practicar. Si al hacerlo, notas que en tu interior hay paz y ausencia de miedo, esa será la señal de que todo lo que te he dicho es verdad.

—Juan, quiero que seas muy sincero. ¿Realmente tú crees que existe Dios? ¿Crees que vamos a vivir eternamente en algún sitio, siendo completamente felices, sin ningún dolor ni sufrimiento? ¿Crees que vamos a reconocer a nuestros seres querido en la otra vida?

—Luis, te respondo con una pregunta: ¿desde que empezamos nuestra relación maestro-alumno, crees que ha habido algún cambio en tu vida?

—Sí, mi vida ha cambiado.

—Luis, me da pena despedirme. Tengo la impresión de que algo ha terminado.

—Pues a mí, Juan, me pasa justo lo contrario: tengo la sensación de que algo empieza en mí a partir de ahora. Tengo la impresión de que he recorrido un camino de la mano de un amigo. Ese camino me ha empezado a gustar, pero he sentido muchas veces el impulso de que necesitaba caminar solo; de que quería experimentar yo solo; de que ya no necesitaba de ti, Juan. Por eso, ahora, voy a intentar ser mi propio maestro.

—¡Qué alegría más grande me das al oírte hablar así! ¡Se me ha quitado la pena! ¡¡Aleluya!!

—¡¡Aleluya, Juan!!

—Una última cosa, Luis: «Hoy te quiero más que ayer y menos que mañana». Siento un impulso que se convierte en un deseo: que mis pensamientos, mis habladas y mis hechos sean cada día más amorosos. Tú, Luis, has hecho de espejo para que cada día me ame más y ame más. Un abrazo, Luis. Seguiremos caminando juntos.

—¡Que así sea, Juan, y gracias por todo!

Índice

Sobre el autor

Juan José Arizu Etxegarai nació en Eristain (Valdorba, Navarra) en 1944. Cursó Magisterio en la Escuela Normal de Lleida y posteriormente se licenció en Ciencias Químicas por la Universidad de Barcelona. Después de iniciar su vida profesional como químico, un impulso vocacional le llevó a fundar, con otros compañeros de estudios, el colegio de enseñanza media Institución Escolar Anglada, donde fue jefe de estudios e impartió las asignaturas de Matemáticas, Física y Química en BUP, COU y FP.

En 1995 se trasladó a Navarra y fundó en la localidad de Zizur Mayor la academia de informática Zaros, impartiendo en sus aulas cursos de informática e internet. Los cinco últimos años de su vida laboral los dedicó al desarrollo de páginas web y al desarrollo fotográfico con efecto de 360 grados para la Generalitat de Catalunya y el Gobierno de Navarra. También desempeñó esta labor para el Museo Ramiro de Maeztu de Estella.

Casado y con cuatro hijos, unos años antes de la jubilación experimentó una grave crisis existencial, aunque tuvo la suerte de encontrar el camino a través de la lectura de libros que están cambiando su vida. Su proyecto actual, según afirma, «es saber quién soy, experimentar quién soy, sentir quién soy y compartir el ser que soy».